YouTube
optimal nutzen

Christian Immler

ISBN 978-3-95982-220-6

© 2021 by   Markt+Technik Verlag GmbH
            Espenpark 1a
            90559 Burgthann

Produktmanagement Christian Braun, Burkhardt Lühr
Lektorat, Herstellung Jutta Brunemann
Covergestaltung David Haberkamp
Coverfoto Mrak – Adobe Stock
Satz inpunkt[w]o, Haiger (www.inpunktwo.de)
Druck mediaprint solutions GmbH, Paderborn
Printed in Germany

Inhaltsverzeichnis

1.   YouTube – das beliebteste Videoportal

Spricht man über Videos im Internet, ist im gleichen Satz der Name YouTube zu hören. Ähnlich wie Tesafilm für einen Klebefilm ist die Marke YouTube zum  Synonym für Videoplattformen im Internet geworden. Natürlich gibt es noch weitere Videoportale, die allerdings gegenüber YouTube so stark an Bedeutung verloren haben, dass selbst große Fernsehsender ihre Sendungen zusätzlich zur eigenen Mediathek auch auf YouTube veröffentlichen.

YouTube verfügt über die wichtigsten Funktionen sozialer Netzwerke, wie Likes, Kommentare, Chats und Storys zur Interaktion zwischen Nutzern.

YouTube auf dem Smartphone im Hochformat und Querformat

Nach einer Studie von ARD und ZDF, die YouTube verständlicherweise genau beobachten, nutzten im Jahr 2019 54 % aller YouTube-Fans diese Plattform vom Smartphone aus. Unter den Jugendlichen sind sogar 89 % Smartphone-Nutzer. 70 % aller betrachteten Videos werden auf Smartphones angesehen.

YouTube funktioniert aber auch auf dem PC im Browser. Geben Sie dazu in der Adresszeile einfach youtube.com ein. Dabei wird automatisch das deutsche YouTube-Portal angezeigt. Die meisten Anleitungen in diesem Buch beziehen sich auf die YouTube-App. PC-Nutzer finden in den Kästen **So geht es auf dem PC** nützliche Hinweise zur Browser-Version von YouTube. Diese sieht der App an vielen Stellen ähnlich. Allerdings lässt sich die Browser-Version betriebssystembedingt anders bedienen. Besonders bei reinen Systemfunktionen, wie dem Teilen von Videos in anderen Apps, gibt es Unterschiede.

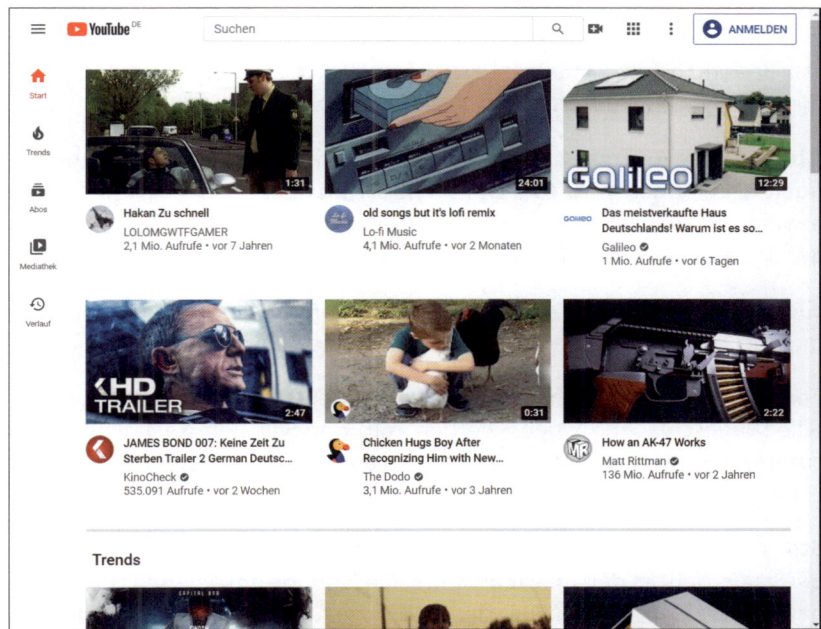

YouTube auf dem PC im Browser

Wichtige Begriffe für YouTube

Um YouTube richtig zu verstehen, hilft es, einige wenige Begriffe der Fachsprache sozialer Netzwerke zu kennen:

YouTuber – Eine Person, die auf YouTube selbst Videos veröffentlicht. Der Begriff wird vor allem dafür verwendet, Privatpersonen und Hobbyfilmer von kommerziellen Anbietern zu unterscheiden.

Kanal – Fast gleichzusetzen mit YouTuber, allerdings bezieht sich ein Kanal nicht auf die Person selbst, sondern auf die Videos, die diese Person veröffentlicht. Manche YouTuber haben mehrere Kanäle zu unterschiedlichen Themen, aber auch große Firmen und TV-Sender haben eigene YouTube-Kanäle.

Follower – Nutzer, die einer Person in einem sozialen Netzwerk »folgen«, was bedeutet, deren Bilder und Beiträge automatisch angezeigt zu bekommen. Bei Facebook heißen Follower *Freunde*, bei Instagram *Abonnenten*. Der Begriff *Follower* ist allgemein aber weiter verbreitet. Besonders kommerzielle Nutzer versuchen, möglichst viele Follower zu bekommen.

Abo – Einen YouTube-Kanal zu abonnieren, hat nichts mit kostenpflichtigen Abo-Modellen zu tun. Der Begriff »Abo« bezeichnet in YouTube so etwas wie Favoriten – Kanäle, denen man folgt und die in einem eigenen Bereich auf dem Bildschirm zum schnellen Zugriff angezeigt werden.

Glocke – Die in vielen YouTube-Videos erwähnte Glocke bedeutet, dass man bei neuen Videos auf diesem Kanal benachrichtigt wird.

Feed – Von YouTube anhand der eigenen Interessen und abonnierten Kanäle vorgeschlagene Videos werden zum persönlichen Nachrichtenfeed zusammengefasst. Diese Videos können automatisch nacheinander angezeigt werden.

Story – Foto oder kurzes Video, das nach 24 Stunden wieder verschwindet. Bei Storys geht es den meisten darum, die Freunde am eigenen Leben teilhaben zu lassen. Die Qualität der Fotos spielt keine so wichtige Rolle wie bei den auf klassischem Weg veröffentlichten Videos.

Kommentar – Jeder Nutzer kann jedes Video kommentieren. Wie jedes soziale Netzwerk lebt YouTube von dieser Kommunikation zwischen den Nutzern. Achten Sie auf einen freundlichen Umgangston.

Like – Eine kurze Geste, mit der man zeigt, dass einem ein Video gefällt. Facebook bietet von Anfang an den sogenannten Like-Button mit dem Daumen nach oben 👍, auf Deutsch *Gefällt mir*, an, der mittlerweile zum festen Sprachgebrauch der Internetgeneration, auch im Offlineleben, gehört. Sogar der Duden hat das Verb »liken« aufgenommen. YouTube verwendet neben dem Daumen nach oben für den Like auch einen Daumen nach unten, um deutlich zu zeigen, dass einem ein Video nicht gefällt oder, besonders bei politischen Videos, nicht der eigenen Meinung entspricht.

Die Geschichte von YouTube

Chad Hurley, Steve Chen und Jawed Karim, alles frühere Mitarbeiter von PayPal, starteten im Februar 2005 YouTube. Der Name setzt sich aus **You** (Englisch für »Du«) und **Tube** (Englisch für »Röhre«, umgangssprachlich für »Fernseher«), zusammen. Im übertragenen Sinn können die beiden Wörter als »Du sendest« für das persönliche, selbst gestaltete Fernsehprogramm stehen.

Das erste YouTube-Video des Mitgründers Jawed Karim

Jawed Karim veröffentlichte am 23. April 2005 das erste YouTube-Video *me at the zoo*. In dem nur 18 Sekunden langen und völlig unspektakulären Video steht der YouTube-Gründer vor einem Elefantengehege im Zoo von San Diego. Dieses Video mit 112 Millionen Aufrufen ist auch das einzige Video auf seinem Kanal, der mittlerweile 1,12 Millionen Abonnenten hat.

Der Durchbruch von YouTube kam im Oktober 2006, als YouTube von Google gekauft wurde. Der Kaufpreis von umgerechnet 1,31 Milliarden Euro in Aktien für ein nahezu unbekanntes Portal stieß bei vielen auf Verwunderung.

Google Videos und YouTube

Google hatte im Januar 2005, kurz vor YouTube, mit Google Video ein ähnliches Portal veröffentlicht, auf dem Nutzer eigene Videos veröffentlichen konnten. Das Portal stand von Anfang an im Schatten von YouTube und wurde mit der Übernahme von Google auch weitgehend vernachlässigt. Ab 2009 konnten Google-Video-Nutzer keine eigenen Videos mehr hochladen. Ab dem Jahr 2011 wurden die Videos automatisch von Google Videos auf YouTube verschoben und zunächst auf *Privat* gesetzt. Die ursprünglichen Autoren konnten sie dann leicht auf YouTube veröffentlichen. Am 20. August 2012 wurde Google Video endgültig abgeschaltet.

You Tube → ▶ YouTube

Im August 2017 änderte YouTube sein Logo. Solche Logo-Änderungen wollen gut überlegt sein und wirken sich oft negativ auf die Präsenz der Marke aus. Bei YouTube war das neue Logo der Schlüssel zum Erfolg. Es wirkt deutlich moderner und lässt sich auch ohne den Schriftzug als markantes App-Symbol nutzen.

Außerdem lässt sich das neue Logo auch in Schwarz-Weiß verwenden und kann so gut neben anderen prägnanten Logos wie etwa Facebook, WhatsApp oder Instagram stehen, wenn es darum geht, auf einer Webseite die firmeneigenen Social-Media-Kanäle zu verlinken.

Gleichzeitig mit dem neuen Logo bekam YouTube ein neues Webdesign im Stil des Material Design von Android, das an das Design der App sowie der anderen Google-Apps angelehnt wurde.

In dieser Zeit führte YouTube auch die heute sehr beliebten Livestreams ein. Damit können aktive YouTuber live berichten und dabei direkt per Chat in Kontakt mit ihren Zuschauern treten. Die Livestreams werden automatisch aufgezeichnet und können später wie die üblichen Videos betrachtet werden.

Technik

Anfangs verwendete YouTube für Videos das Flash-Container-Format FLV und für die mobile Darstellung das damals weitverbreitete Format 3GP. Im Lauf der Jahre stellte man auf das wesentlich modernere MPEG-4-Format um. Seit Mitte 2014 werden alle Videos im HTML5-Format dargestellt und können so in modernen Browsern ohne zusätzliche Plug-ins dargestellt werden. Nur mit dem Internet Explorer und einigen exotischen Browsern kann es noch Probleme geben.

Interessante Fakten zu YouTube

YouTube ist nach Google die zweitgrößte Suchmaschine der Welt und nach Facebook das zweitgrößte soziale Netzwerk. Auf dem PC ist YouTube nach Google die am zweithäufigsten besuchte Seite. Viele Menschen nutzen YouTube tatsächlich, um etwas zu suchen. 51 % aller erwachsenen Nutzer nutzen YouTube, um Erklärungen für alltägliche Dinge oder Vorgehensweisen zu finden. Erklärvideos spielen nach Musikvideos eine bedeutende Rolle auf YouTube und werden auch von Firmen gern zusätzlich zu Marketing-Kampagnen veröffentlicht.

1,9 Milliarden Menschen nutzen YouTube mehr oder weniger regelmäßig. Das entspricht etwa einem Drittel aller Internetnutzer weltweit. 77 % der deutschen Internetnutzer besuchen jeden Monat YouTube. Das Portal ist außer in Deutsch noch in 79 weiteren Sprachen verfügbar. In fast allen Ländern der Welt kann YouTube entweder in der Landessprache oder auf

Englisch genutzt werden, außer in China, im Iran, in Pakistan und Libyen, wo der Zugriff von der Regierung blockiert wurde.

YouTube-Nutzer betrachten jeden Tag über eine Milliarde Stunden Videos, mehr als auf Netflix und Facebook zusammen. Pro Minute werden 500 Stunden Videos neu hochgeladen.

Das am häufigsten angesehene Video ist das Musikvideo *Despacito* von Luis Fonsi und Daddy Yankee. Der Titel dieses Videos ist gleichzeitig der am häufigsten gesuchte Begriff auf YouTube. Der meistabonnierte deutsche YouTube-Kanal ist *HaerteTest*, der diverse Spaßvideos zeigt, in denen Alltagsgegenstände von Autos überrollt werden.

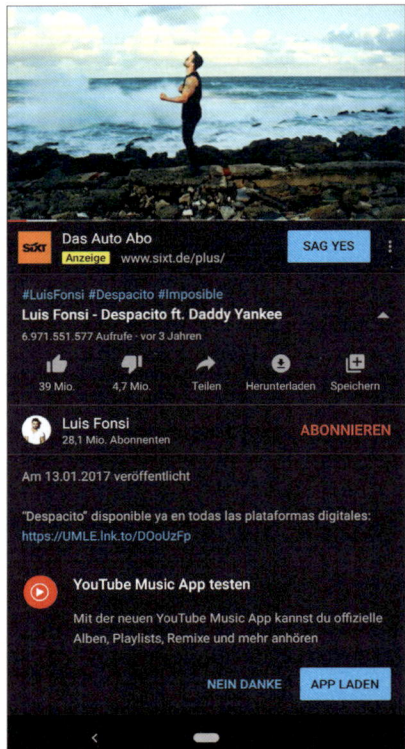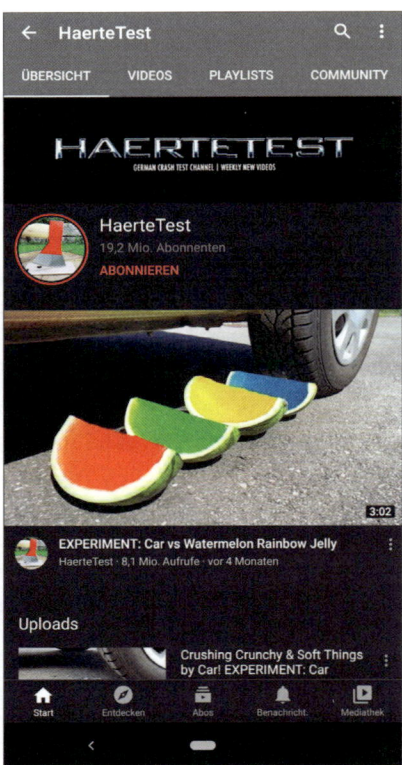

Despacito und HaerteTest

Die YouTube-App für Android

Die Smartphone-App von YouTube ist wesentlich wichtiger als die Webseite. Unter den 18–49-Jährigen sehen sogar mehr Menschen Videos auf YouTube auf dem Smartphone als klassische Sendungen im Kabelfernsehen.

Die YouTube-App ist auf allen Android-Smartphones mit Google-Diensten vorinstalliert. Da sie kaum aus dem Google Play Store heruntergeladen werden muss, taucht sie dort in den Top-Listen auch nicht auf. Achten Sie aber darauf, dass bei der App im Google Play Store die automatischen Updates eingeschaltet sind, damit YouTube immer auf dem aktuellsten Stand ist.

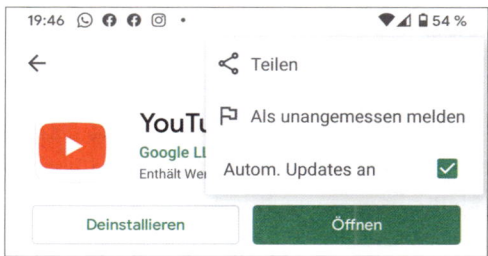

Automatische Updates in der YouTube-App

Dieses Buch beschreibt YouTube für Android 10 und 11. Die Screenshots wurden alle mit dem originalen Android ohne herstellerspezifische Benutzeroberflächen gemacht. In einigen Fällen kann es kleine Unterschiede zu älteren Android-Versionen oder Geräteoberflächen, wie zum Beispiel den Samsung-Smartphones geben, die aber kaum auffallen.

Welche Smartphones werden unterstützt?

Nach aktuellen Studien hält Android mit einem Marktanteil von rund 87 % die Spitze unter den Smartphone-Betriebssystemen weltweit. Apple hat mit iOS rund 13 % Marktanteil. Damit verfügen diese beiden Hersteller über eine Marktpräsenz von nahezu 100 %. Windows Mobile, Tizen, BlackBerry sowie Nokias Symbian-Plattform, ehemaliger Marktführer, sind mittlerweile völlig bedeutungslos und wurden bereits 2018 in der Statistik des Marktforschungsunternehmens Gartner erstmals mit 0 % gelistet. Auch auf den meisten dieser Geräte konnte YouTube damals genutzt werden.

YouTube unterstützt jedes Android-Gerät. Selbst auf sehr alten Android-Versionen läuft die YouTube-App noch.

> **Kein Google Play Store**
>
> In Kapitel 6 »Techniktipps« finden Sie Installationshinweise für solche Geräte. Dies betrifft insbesondere die neuesten Generationen von Huawei-Smartphones, die bereits vom US-Embargo betroffen sind, Geräte kleinerer chinesischer Hersteller sowie auch Tablets der Amazon-Fire-Serie.

Die YouTube-App für iOS

YouTube wird auf iPhones über den App Store installiert. Hier ist die App – wie alle Google-Apps – nicht vorinstalliert. Um die Gefahr von Fake-Apps zu vermeiden, ist die originale YouTube-App im App Store einfach über die Top-Liste der Gratis-Apps zu finden.

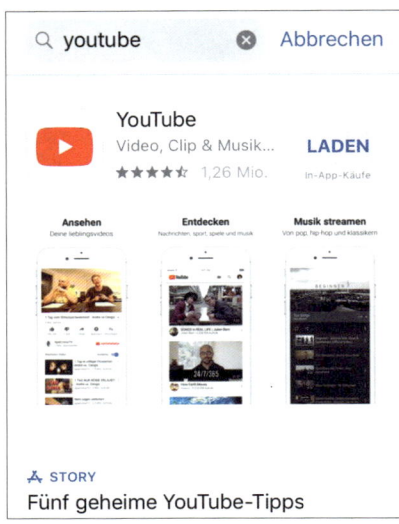 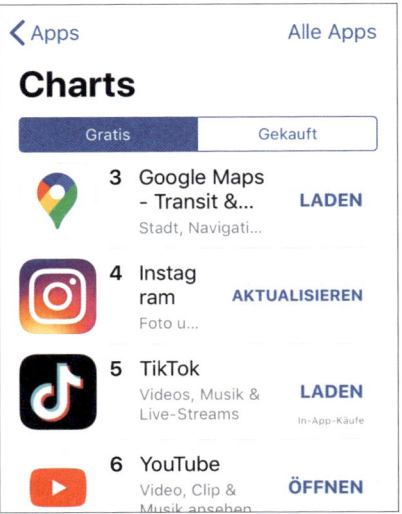

YouTube auf dem iPhone installieren

iPhone-Nutzer finden in den Kästen **So geht's auf dem iPhone** nützliche Hinweise zur iOS-Version von YouTube. Die App sieht auf den ersten Blick weitgehend gleich aus. Allerdings lässt sich die iOS-Version betriebssystembedingt an einigen Stellen anders bedienen.

Besonders bei reinen Systemfunktionen außerhalb der eigentlichen App, wie zum Beispiel bei der Bildschirmtastatur oder beim Teilen von Videos in anderen Apps, gibt es Unterschiede.

Im Apple App Store steht YouTube deutlich weiter vorn als im Google Play Store, da die App auf iPhones im Gegensatz zu Android nicht vorinstalliert ist.

Anmeldung mit dem Google-Konto

Die YouTube-App meldet sich beim ersten Start mit dem Android-Smartphone bei YouTube an. Das Google-Konto wird bei YouTube als Benutzerkonto verwendet, um Verlaufslisten und Abos zu speichern, die dann auf allen angemeldeten Geräten genutzt werden können. So kann man ein auf dem Smartphone angesehenes Video später auf dem großen PC-Bildschirm oder TV weitersehen. Auch zum Liken, Kommentieren und Chatten wird die Google-Kontoanmeldung genutzt.

Ohne Google-Konto lässt sich YouTube zwar nutzen, es fehlen aber viele Funktionen. Videos mit Altersbeschränkung können ohne Anmeldung nicht angesehen werden. Bei den Beschreibungen in diesem Buch gehen wir immer davon aus, dass ein Google-Konto in YouTube angemeldet ist.

+++ SO GEHT ES AUF DEM PC +++

Ist auf dem PC im Browser ein Google-Konto angemeldet, kann dieses automatisch auf YouTube genutzt werden. Ist kein Google-Konto angemeldet, erscheint beim Aufruf der YouTube-Seite eine Aufforderung zur Anmeldung. Hier können Sie sich direkt mit Ihrem Google-Konto anmelden oder YouTube ohne Anmeldung eingeschränkt nutzen.

+++ SO GEHT'S AUF DEM IPHONE +++

Auf dem iPhone ist standardmäßig kein Google-Konto angemeldet. Zum Speichern und Synchronisieren eigener Daten wird hier die Apple-ID verwendet. Beim ersten Start von YouTube wird auch hier eine Google-Anmeldung abgefragt. Alternativ können Sie die iOS-App auch ohne Anmeldung mit den entsprechenden Einschränkungen nutzen. Auf dem Anmeldebildschirm von Google können Sie auch ein neues Google-Konto anlegen, wenn Sie bis jetzt keines haben.

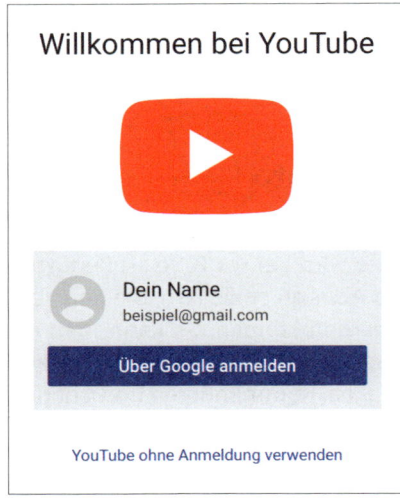
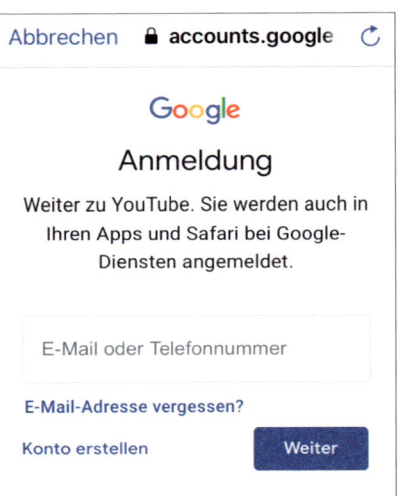

Neues Google-Konto anlegen

Haben Sie noch kein Google-Konto, können Sie es direkt auf dem Smartphone einrichten. Alternativ können Sie das Google-Konto auf dem PC anlegen. Klicken Sie dazu auf einer beliebigen Google-Seite oder auf dem Anmeldebildschirm bei YouTube oben rechts auf *Anmelden*. Auf der Anmeldeseite finden Sie den Link *Konto erstellen*. Dieses Verfahren ist komfortabler als auf dem Smartphone, da Sie eine »echte« Tastatur zur Eingabe der diversen Daten nutzen können. Das Konto können Sie anschließend sofort in YouTube auf allen Geräten nutzen.

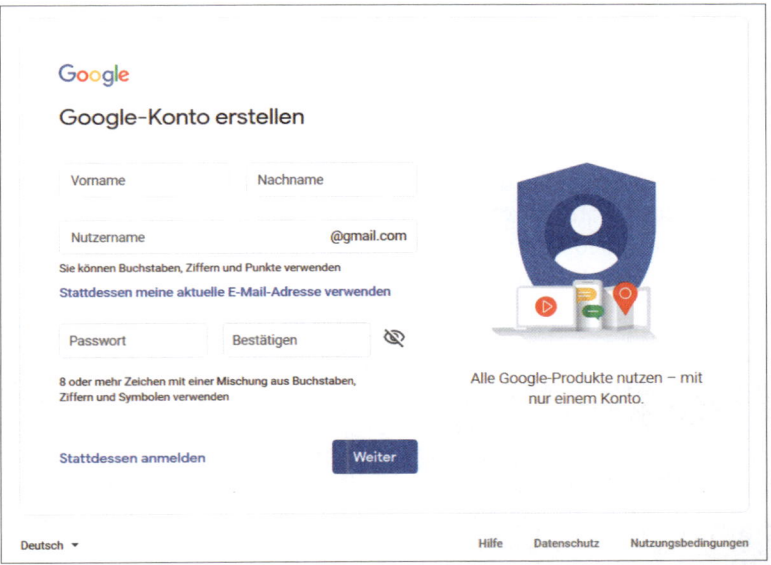

Google-Konto auf dem PC erstellen

Merken Sie sich das hier vergebene Passwort gut. Sie werden es auch noch für andere Google-Dienste brauchen.

E-Mail-Adressen bei Google

Bei gängigen Namen wird die E-Mail-Adresse *vorname.nachname@ gmail.com* zur Einrichtung eines Google-Kontos möglicherweise nicht mehr verfügbar sein. Bei Google sind weltweit über 1,5 Milliarden Nutzer regelmäßig aktiv, registriert sind noch mehr. Gmail ist damit der E-Mail-Anbieter mit den meisten Nutzern weltweit. Sollte die Adresse bereits vergeben sein, werden automatisch Alternativvorschläge angezeigt. Hier können Sie einen auswählen oder sich auch eine ganz andere E-Mail-Adresse ausdenken. Falls Sie das Google-Konto nur für YouTube nutzen, brauchen Sie diese E-Mail-Adresse zur E-Mail-Kommunikation nicht zu verwenden. Sie werden allerdings dort sicherheitsrelevante E-Mails erhalten, wenn Ihr Google-Konto zum Beispiel missbräuchlich verwendet wurde oder eines Ihrer Videos von YouTube zensiert wurde.

2. Videos entdecken und abspielen

Auf der Startseite der YouTube-App werden aktuelle Videos anhand Ihrer Interessen und aus abonnierten Kanälen vorgeschlagen. Schon in der Vorschau beginnen Videos nach ein paar Sekunden zu laufen, allerdings stumm. Tippen Sie auf ein Video, um dieses abzuspielen.

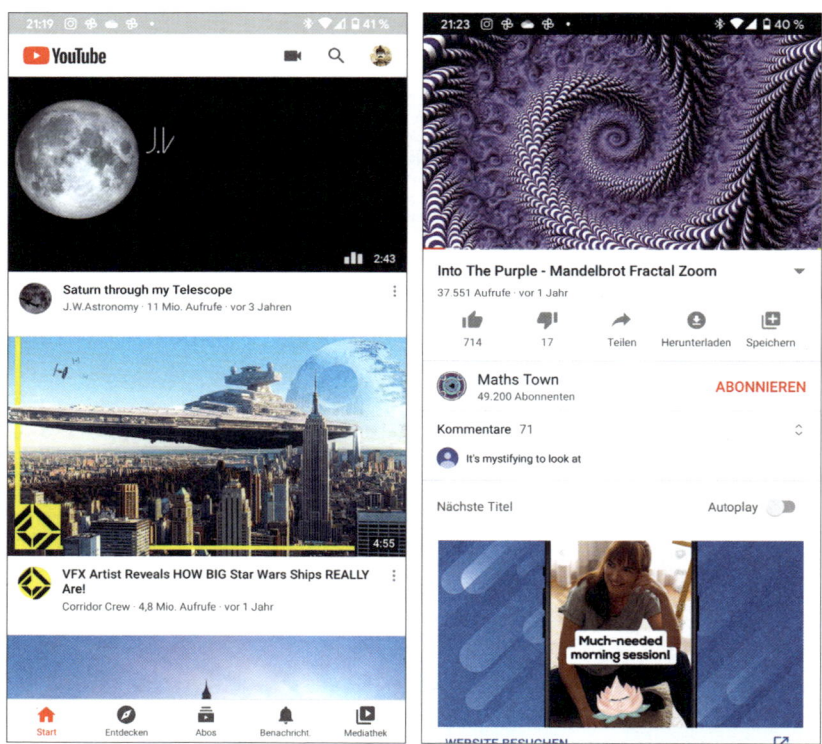

Links: Startseite, rechts: Video abspielen

Tippen Sie oben links im Video auf den kleinen Pfeil, um wieder zur Startseite zurückzukommen.

Tipps zum Abspielen

Beim Antippen eines Videos startet dieses sofort mit Ton. Bei vielen beliebten Videos wird am Anfang Werbung angezeigt. Diese kann erst nach einigen Sekunden abgeschaltet werden. Tippen Sie dazu unten rechts auf die Meldung *Werbung überspringen*, wenn diese erscheint.

Vorspulen, Pause, Blättern

Beim einfachen Tippen ins Bild erscheinen Bedienelemente zur Steuerung des Videos.

Das Symbol in der Mitte pausiert das Video. Erneutes Antippen spielt an der gleichen Position weiter ab.

Spielt das nächste Video der Playlist ab.

Spielt das zuletzt abgespielte Video noch mal ab.

Der rote Balken unterhalb des Videos zeigt die aktuelle zeitliche Position im Video an. Durch horizontales Verschieben können Sie im Video vor- oder zurückspulen. Dabei werden Vorschaubilder der jeweiligen Position angezeigt.

Tippen Sie doppelt oder öfter rechts von der Mitte ins Bild, spult es in 10-Sekunden-Schritten vor. Auf die gleiche Weise spulen Sie durch mehrfaches Antippen links von der Mitte in 10-Sekunden-Schritten zurück.

Die Bedienelemente beim Abspielen von Videos

+++ SO GEHT ES AUF DEM PC +++

Auf dem PC erscheinen die Bedienelemente, wenn man mit der Maus ins Bild fährt. Berührt der Mauszeiger die Zeitlinie, erscheinen Vorschaubilder, um zu einer bestimmten Szene im Video zu wechseln. Mit den Pfeiltasten rechts und links blättern Sie schnell durch das Video. Ein Klick ins Bild oder die Leertaste pausiert das Video.

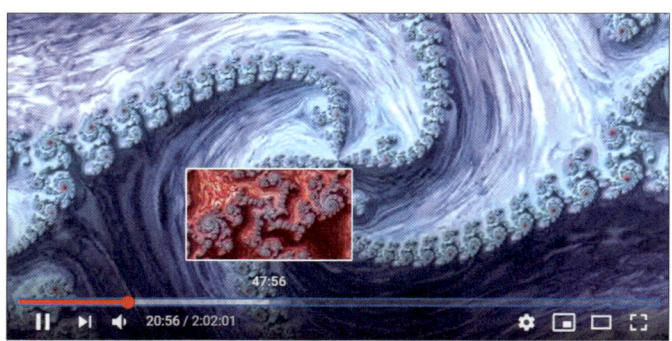

Vollbildmodus im Querformat

Drehen Sie das Smartphone quer, werden Videos im Vollbild-modus abgespielt. Voraussetzung ist, dass in den Schnellein-stellungen von Android die automatische Bildschirmdrehung eingeschaltet ist.

Video im Vollbildmodus im Querformat

Bild im Bild

Wenn Sie, während ein Video läuft, durch die YouTube-App blättern oder Einstellungen vornehmen, wird das Video weiterhin in einem kleinen Fenster am unteren Bildschirmrand abgespielt. Tippen Sie darauf, erscheint es wieder groß. Außerdem können Sie dort das Video pausieren oder beenden.

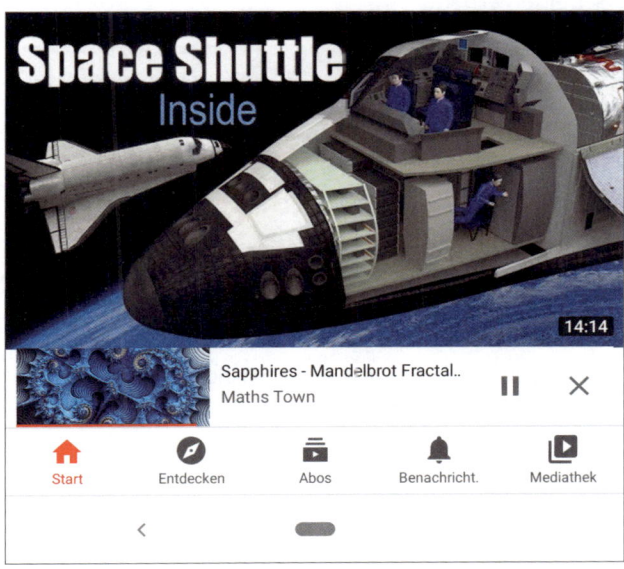

Bild-im-Bild-Darstellung eines laufenden Videos

Sie können das laufende Video auch einfach an den unteren Bildschirmrand ziehen und dann YouTube weiternutzen.

+++ SO GEHT ES AUF DEM PC +++

Auf dem PC verschwindet das Video aus dem Bild, wenn man durch YouTube blättert, Listen ansieht oder Kommentare verfasst. Mit der Taste [I] läuft das aktuell laufende Video in einem Miniplayer unten rechts weiter und Sie können durch YouTube blättern. Starten Sie allerdings ein neues Video, startet dies im Miniplayer statt des vorherigen. In einem Browsertab kann immer nur ein YouTube-Video laufen. Mit der Taste [I] schalten Sie auch wieder in die Standarddarstellung zurück.

Videobeschreibung

Die Videobeschreibung ist in der YouTube-App standardmäßig beim Öffnen eines Videos nicht zu sehen. Tippen Sie auf das kleine Dreieck rechts neben dem Titel des Videos, um die Beschreibung anzuzeigen. Tippen Sie ein zweites Mal darauf, verschwindet sie wieder und Kommentarfeld sowie Videovorschläge erscheinen erneut.

Videobeschreibung anzeigen

+++ SO GEHT ES AUF DEM PC +++

Auf dem PC erscheinen die ersten Zeilen der Videobeschreibung unter jedem Video. Klicken Sie auf *Mehr ansehen*, um die Beschreibung komplett zu lesen. Ein Klick auf *Weniger anzeigen* schaltet wieder in die Standarddarstellung zurück.

Lautstärke regeln

Die Lautstärke lässt sich über die Lautstärketasten des Smartphones regeln. Auch wenn der Bitte-nicht-stören-Modus des Smartphones eingeschaltet ist, werden Videos mit Ton abgespielt. Dieser Modus bezieht sich nur auf Klingeltöne und Benachrichtigungen. Um ein Video stumm ablaufen zu lassen, weil es zum Beispiel nur nervtötende Hintergrundmusik enthält, aber keine akustische Information, drücken Sie auf eine Lautstärketaste und tippen danach auf das Notensymbol. Damit wird der Ton von Videos unabhängig von Benachrichtigungstönen ausgeschaltet. Diese werden über das Glockensymbol oberhalb des Lautstärkereglers gesteuert.

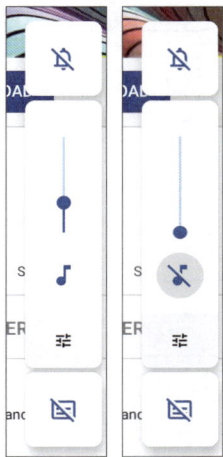

+++ SO GEHT ES AUF DEM PC +++

Auf dem PC können Sie die Lautstärke über das Lautsprechersymbol in der Taskleiste oder mit speziellen Tasten auf Multimedia-Tastaturen regeln. Zusätzlich bietet YouTube noch einen eigenen Lautstärkeregler links unten im Video, der die Lautstärke unabhängig von der eingestellten Systemlautstärke einstellt.

Ein Klick auf den Lautsprecher oder die Taste Ⓜ schaltet das Video stumm, ohne den ganzen PC stummzuschalten. So können Sie zum Beispiel ein Videotelefonat erledigen und nebenbei ohne Ton ein Video ansehen.

Tastenkombinationen zur Steuerung von YouTube im Browser auf dem PC

Die Mediensteuertasten auf Multimedia-Tastaturen können zur Steuerung von YouTube im Browser auf dem PC verwendet werden. Zusätzlich haben einige Tasten der Standardtastatur Funktionen zur Steuerung von Videos.

Taste	Funktion
Leer / K	Wiedergabe/Pause
M	Video stummschalten/Stummschaltung aufheben
↑	Lautstärke um 5 % erhöhen
↓	Lautstärke um 5 % verringern
←	Fünf Sekunden zurückspulen
→	Fünf Sekunden vorspulen
J	10 Sekunden zurückspulen, länger drücken spult in größeren Schritten zurück
L	10 Sekunden vorspulen, Länger drücken spult in größeren Schritten vor
.	Im pausierten Video zum nächsten Einzelbild springen
.	Im pausierten Video zum vorherigen Einzelbild springen
Pos 1 / 0 (Null)	Zum Anfang des Videos spulen
Ende	Zum Ende des Videos spulen
1 bis 9	Zu 10–90 % des Videos springen
F	Vollbildmodus auswählen/beenden
I	Miniplayer öffnen
T	Kinomodus auswählen/beenden
C	Untertitel auswählen (falls verfügbar)
⇧ + N	Das nächste Video der Playlist abspielen. Ohne Playlist wird das nächste von YouTube vorgeschlagene Video abgespielt.
⇧ + P	Das vorherige Video der Playlist abspielen

Der Kinomodus ist eine neue Darstellung auf YouTube zwischen dem Standardmodus und dem Vollbildmodus. Hier wird das laufende Video in voller Fensterbreite des Browserfensters dargestellt. Der Seitenbalken rechts mit vorgeschlagenen Videos wandert nach unten.

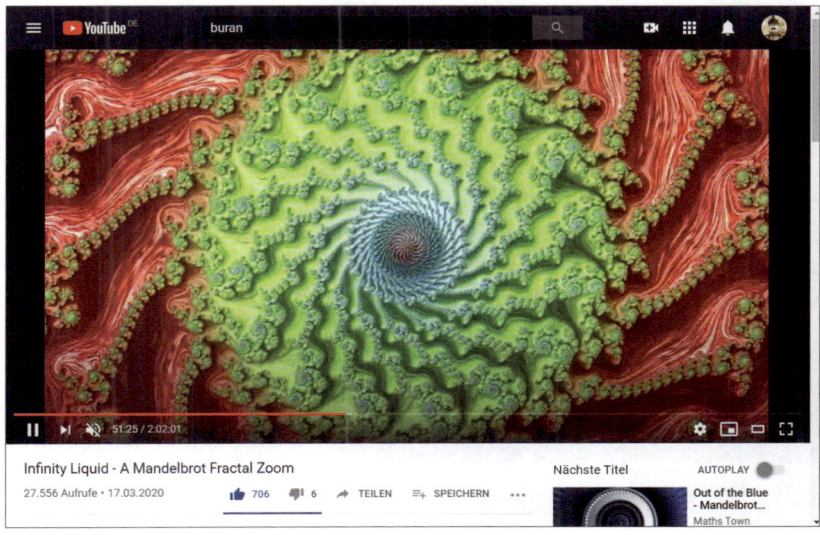

YouTube im Kinomodus auf dem PC

Autoplay

In der Grundeinstellung spielt You-
Tube am Ende eines Videos automatisch das nächste vorgeschlagene Video ab. Möchten Sie dies nicht,
deaktivieren Sie den Schalter *Auto-
play* unterhalb des Videos.

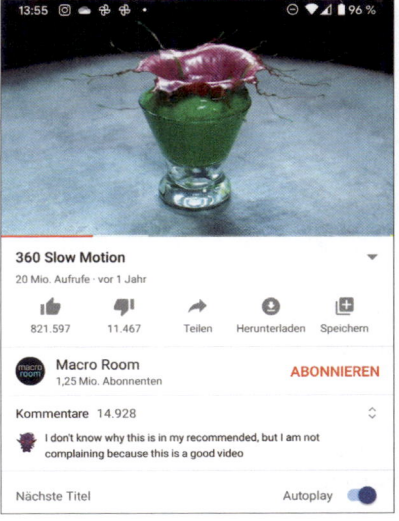

*Automatisches Abspielen nachfolgender
Videos ein- oder ausschalten*

Videoqualität

Die Qualität eines Videos wird von YouTube anhand der Bildschirmauflö-
sung und der Internetgeschwindigkeit automatisch angepasst. Dabei versucht YouTube, eine möglichst hohe Qualität zu liefern. Sollte die Qualität
nicht optimal sein oder das Video aufgrund zu langsamer Internetverbindung ruckeln, können Sie die Videoqualität manuell einstellen. Tippen Sie
dazu im Video oben rechts auf das Menü mit den drei Punkten und dann
auf *Qualität*. Wählen Sie eine höhere Qualitätsstufe aus, wenn das Video zu
pixelig erscheint, oder eine niedrigere, wenn es zwischendurch hakt.

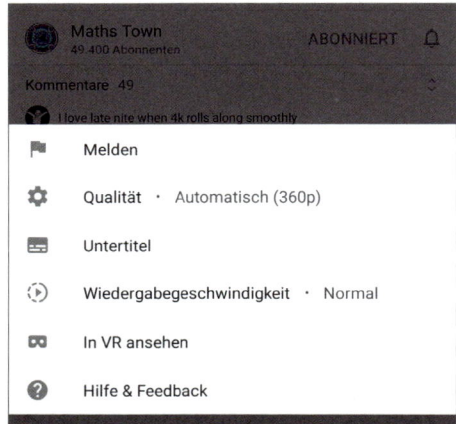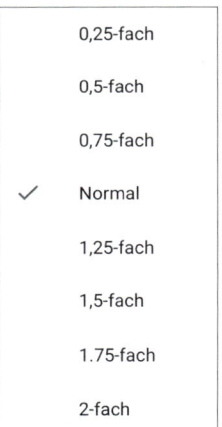

Videoqualität einstellen

Wiedergabegeschwindigkeit

Im gleichen Menü können Sie ein Video auch schneller oder langsamer
abspielen lassen, um einen schnellen Überblick über ein Video zu gewin-
nen. Sprache in Videos ist bei höheren Geschwindigkeiten kaum noch verständlich. Am besten schalten Sie das Video dann auf stumm.

+++ SO GEHT ES AUF DEM PC +++

Auf dem PC klicken Sie auf das Einstellungen-Symbol unten rechts, um
Qualität und Wiedergabegeschwindigkeit festzulegen.

YouTube entdecken

Das Symbol *Entdecken* zeigt angesagte Videos, die im Moment gerade besonders oft angesehen werden.

Die Symbole im oberen Teil des Bildschirms führen zu Themenseiten wie *Nachrichten*, *Musik* oder *Lehrinhalte*, wo neue Videos aus diesen Themenbereichen zu finden sind, die zu den eigenen Interessen passen sollen, was aber auch nicht immer der Fall ist.

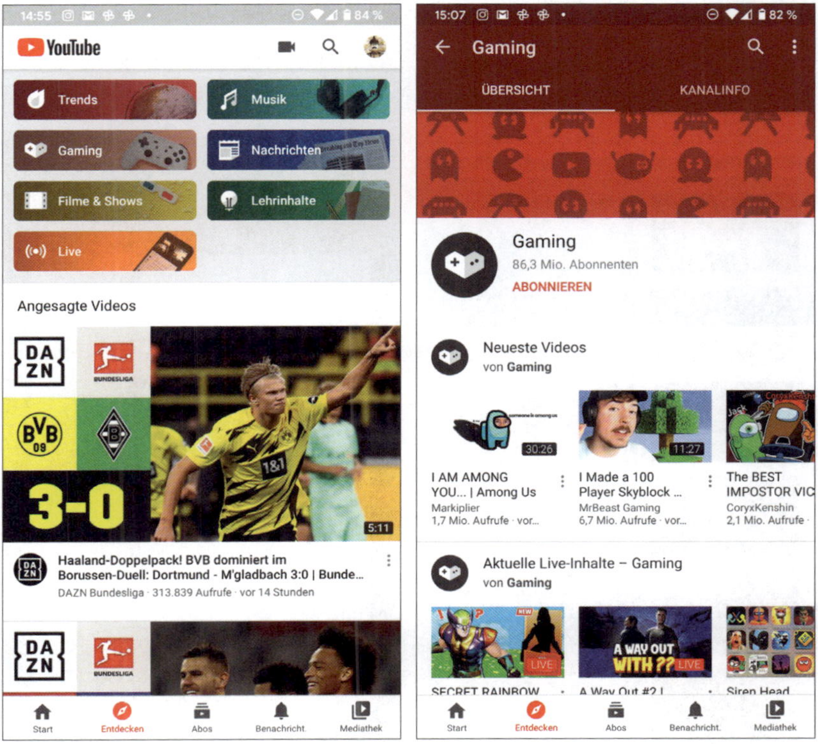

YouTube entdecken

Videos suchen

Als derzeit zweitwichtigste Suchmaschine der Welt verfügt YouTube über eine ausgefeilte Suchfunktion zur Suche von Videos nach Stichwörtern. Entscheidend dafür, dass ein Video gefunden wird, ist, dass das Stichwort im Titel oder in der Videobeschreibung vorkommt. Solange der Suchbegriff nur im Video ausgesprochen wird, findet die Suche ihn in den meisten Fällen nicht.

 Tippen Sie auf das Suchsymbol oben rechts und geben Sie den Suchbegriff ein. Passende Videos werden angezeigt.

 Mit dem Mikrofonsymbol direkt neben dem Suchfeld können Sie den Suchbegriff einfach sprechen, anstatt zu tippen.

 Über das Filtersymbol legen Sie die Anzeigereihenfolge der Suchergebnisse fest.

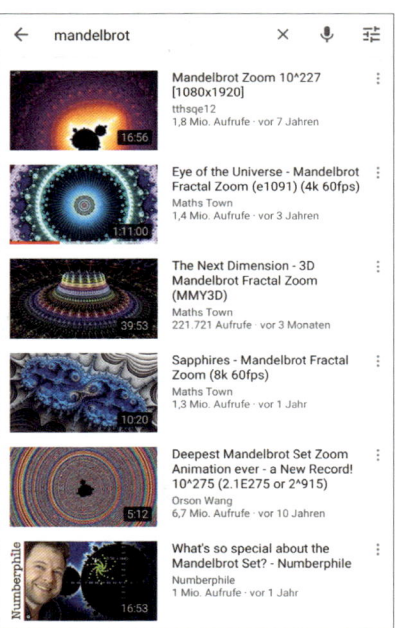
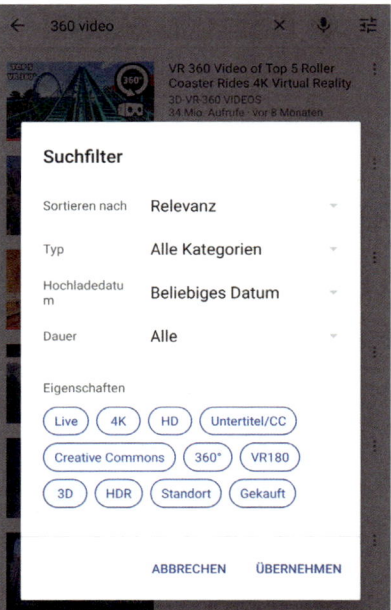

Suchen und Ergebnisse filtern

Standardmäßig werden die Ergebnisse nach sogenannter »Relevanz« sortiert, einer von YouTube selbst festgelegten Reihenfolge. Über die Filter lassen sie sich auch nach Upload-Datum, Anzahl der Aufrufe oder Bewertung sortieren, was meist wesentlich aussagekräftiger ist.

Im Bereich *Typ* filtern Sie nach Videos, Kanälen, Playlists, um zum Beispiel kostenpflichtige Filme und Shows nicht mit anzeigen zu lassen. In vielen Fällen sind nur aktuelle Videos interessant. Dazu können Sie im Bereich *Hochladedatum* einen zeitlichen Rahmen festlegen, der von einem Jahr bis zur letzten Stunde reichen kann, um nur topaktuelle Videos zu sehen. Markieren Sie in den *Eigenschaften* bestimmte Eigenschaften, die im Video enthalten sein müssen, um unter anderem 360°-Videos oder VR-Videos leichter finden zu können.

Hashtags

Hashtags sind Themen, die bestimmte Bilder kennzeichnen. Sie sind eine wichtige Komponente bei der Thematisierung von Videos auf YouTube. Beim Veröffentlichen eines Videos empfiehlt es sich immer, solche Hashtags zu vergeben, um Videos für andere, die das eigene Profil nicht abonniert haben, leichter auffindbar zu machen.

Suchen Sie im Suchfeld von YouTube nach einem Hashtag, geben Sie dazu das Zeichen # gefolgt vom gewünschten Suchbegriff ein.

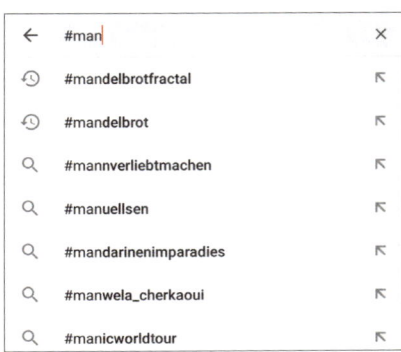 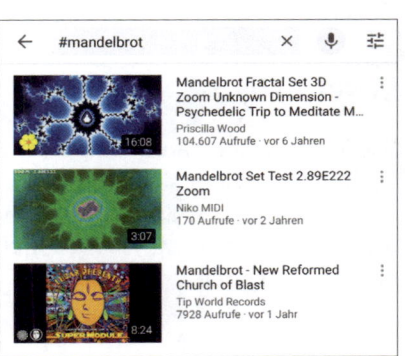

Suche nach einem Hashtag

Bereits während der Eingabe werden beliebte Hashtags mit den eingegebenen Buchstaben vorgeschlagen. Tippen Sie auf einen Hashtag in der Liste, werden Videos angezeigt, die mit diesem Hashtag versehen sind.

Hashtags stehen im Klartext in den Videobeschreibungen. Es gibt kein spezielles Eingabefeld dafür. YouTube baut daraus automatisch Links. Sie können in der Beschreibung eines Videos einfach auf einen Hashtag tippen und bekommen passende Suchergebnisse angezeigt.

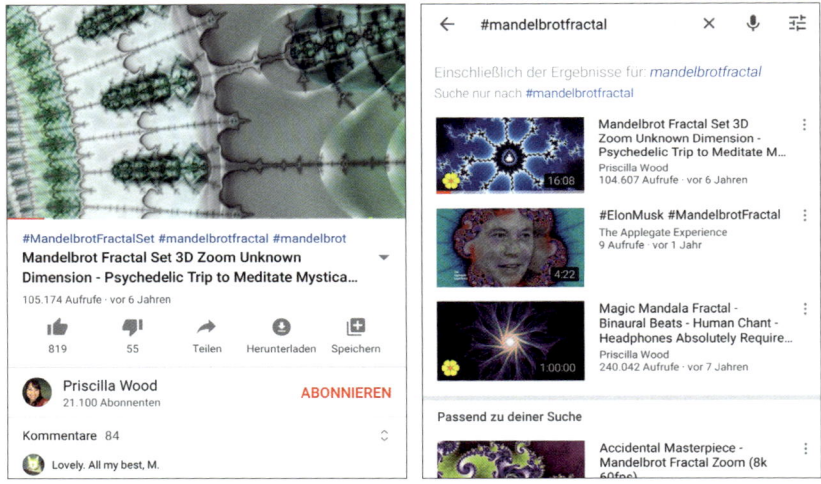

Hashtag in einer Videobeschreibung antippen

Verlaufsliste

YouTube speichert automatisch eine Verlaufsliste aller angezeigten Videos. Diese Liste bezieht sich nicht nur auf das eine Smartphone, sondern auf alle Geräte, die mit demselben Google-Konto angemeldet sind, auch PCs und andere. Diese Liste ist über das Symbol *Mediathek* in der unteren Symbolleiste zu finden.

Im oberen Bildschirmbereich sind die zuletzt gesehenen Videos zu finden. Die roten Balken zeigen an, wie lange ein Video angesehen wurde. Die komplette Verlaufsliste erscheint beim Antippen des *Verlauf*-Symbols. Innerhalb der Verlaufsliste kann nach Stichwörtern gesucht werden, was besonders bei sehr langen Verlaufslisten nützlich ist.

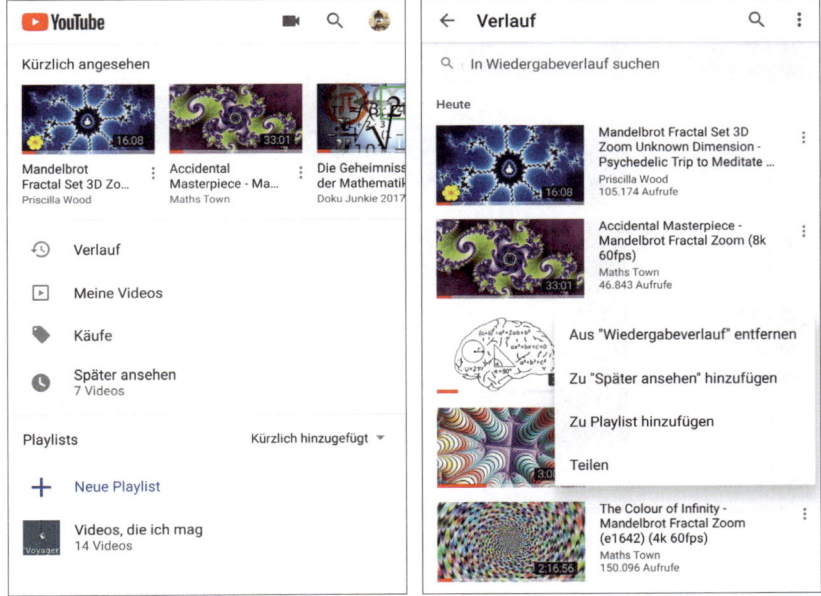

Über das Symbol mit den drei Punkten neben einem Video in der Verlaufsliste lässt sich dieses aus der Verlaufsliste entfernen.

Uninteressante und schlechte Videos entfernen

Uninteressante und schlechte Videos, die Sie sich nur versehentlich angesehen haben, sollten regelmäßig aus der Verlaufsliste entfernt werden, da YouTube seine Vorschläge unter anderem aufgrund der Verlaufsliste heraussucht. So können Sie die Wahrscheinlichkeit verringern, noch mehr Videos zu diesen – für Sie persönlich – uninteressanten Themen vorgeschlagen zu bekommen.

+++ SO GEHT ES AUF DEM PC +++

Die Verlaufsliste ist über das Menüsymbol links oben zu finden. In der Verlaufsliste kann im Wiedergabeverlauf, Suchverlauf, in Kommentaren, in der Community und im Livechat gesucht werden.

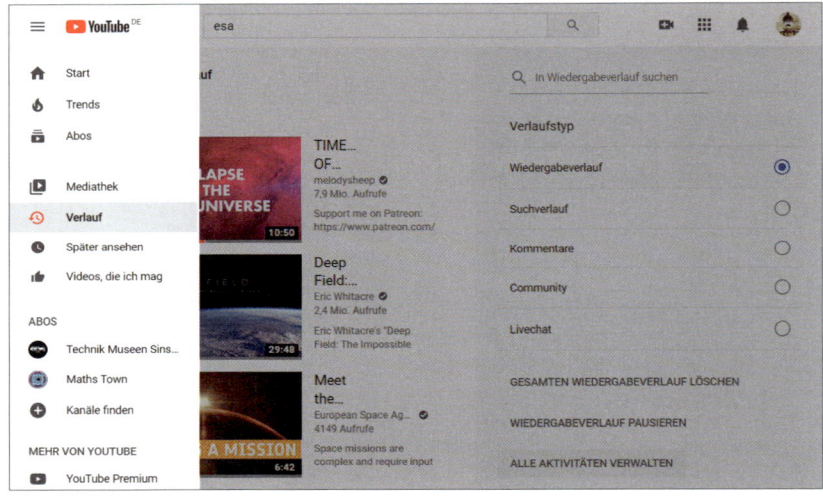

Untertitel in Videos

YouTube kann in Videos Untertitel anzeigen. Das kann einerseits sinnvoll sein, wenn man ein Video zum Beispiel in der Bahn ohne Ton abspielen und trotzdem den Inhalt mitbekommen möchte. Weiterhin bietet YouTube aber auch die Möglichkeit, Untertitel in unterschiedlichen Sprachen anzuzeigen.

Diese müssen allerdings mit dem Video hochgeladen worden sein. Die automatische Übersetzung von Videos ist noch im Betastadium und bis jetzt nur für wenige Videos verfügbar.

Um die Untertitel in einem Video zu sehen, tippen Sie in das Video und dann oben rechts auf das Menü mit den drei Punkten. Jetzt erscheint ein Auswahlmenü. Tippen Sie auf *Untertitel*, können Sie verfügbare Sprachen für Untertitel auswählen, die dann synchron mit dem Video angezeigt werden.

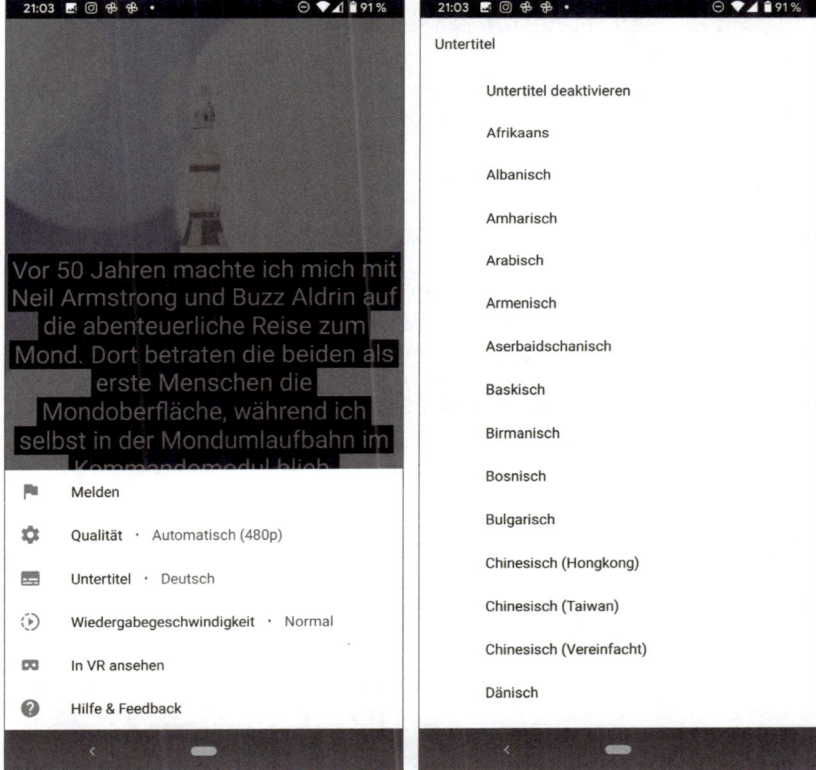

Ein Video mit Untertiteln in sehr vielen Sprachen

+++ SO GEHT ES AUF DEM PC +++

Auf dem PC lassen sich Untertitel über das Zahnradsymbol unten rechts im Video einblenden. Hier wählen Sie auch die gewünschte Sprache aus.

3. Liken, Kommentieren, Teilen

YouTube ist nicht nur eine Videoplattform, sondern auch ein soziales Netzwerk. Im Gegensatz zum Fernsehen, wo die Zuschauer als anonyme, passive Konsumenten auftreten, lebt YouTube von der Interaktion der Nutzer über Kommentare und Chats. Aber auch für wenig sozial veranlagte Nutzer bietet YouTube Möglichkeiten, persönliche Listen anzulegen, Videos zu teilen oder sich einfach zu merken, um sie später abzuspielen.

Videos merken, um sie später anzusehen

Haben Sie beim Blättern durch YouTube ein längeres Video entdeckt und gerade keine Zeit, es komplett anzusehen, können Sie dieses in eine Liste aufnehmen, um es später abzuspielen.

1. Tippen Sie, nachdem das Video kurz gestartet wurde, unterhalb des Videos auf *Speichern*.

2. Am unteren Bildschirmrand erscheint eine Meldung, dass das Video in der Playlist *Später ansehen* gespeichert wurde.

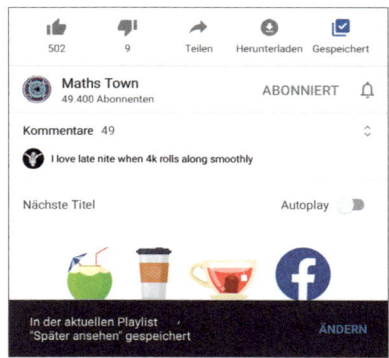
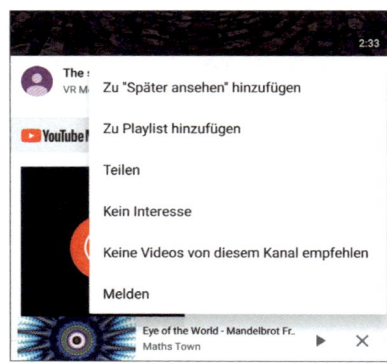

3. Auch ohne ein Video anzufangen, kann es in der Playlist *Später ansehen* gespeichert werden. Tippen Sie dazu rechts unterhalb des Videos auf das Menü mit den drei Punkten und wählen Sie *Zu "Später ansehen"* *hinzufügen.*

4. Diese Liste finden Sie, wenn Sie auf dem Hauptbildschirm der YouTube-App auf *Mediathek* tippen und dann auf *Später ansehen.*

Mediathek

Die persönliche Mediathek in der YouTube-App zeigt oben die zuletzt an-gesehenen Videos, auch wenn diese nur teilweise angesehen wurden. So finden Sie sie leicht, um sie bis zum Ende zu betrachten.

Das Symbol *Verlauf* zeigt die komplette Verlaufsliste, auch über Jahre zurück.

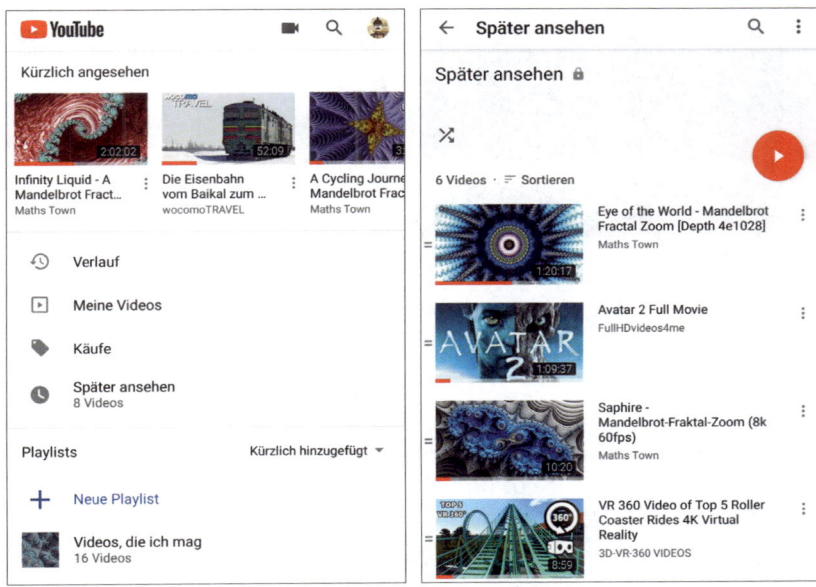

Die Liste »Später ansehen« in der Mediathek der YouTube-App

Weiter unten finden Sie selbst hochgeladene Videos, kostenpflichtige Filme, Shows und Abos. Tippen Sie auf *Später ansehen*, um diese Liste zu sehen. Hier können Sie einzelne Videos ansehen oder die gesamte Liste automatisch als Playlist. In diesem Fall können Sie die Reihenfolge der einzelnen Videos per Drag-and-drop interaktiv ändern.

Eigene Playlists anlegen

Zusätzlich zu der bereits vorinstallierten Liste *Später ansehen* können Sie auch selbst eigene Listen zu bestimmten Themen anlegen.

1. Als Erstes müssen Sie dazu einen YouTube-Kanal erstellen, was beim Anlegen der ersten Playlist mit wenigen Klicks automatisch erledigt wird. Möchten Sie ein gerade gesehenes Video zu einer neuen Liste hinzufügen, tippen Sie unten im Balken *Zu "Später ansehen" hinzugefügt* auf *Ändern*. Jetzt haben Sie die Möglichkeit, eine bereits vorhandene Liste auszuwählen oder auch eine neue anzulegen.

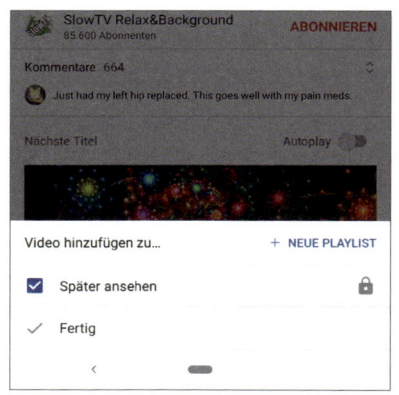 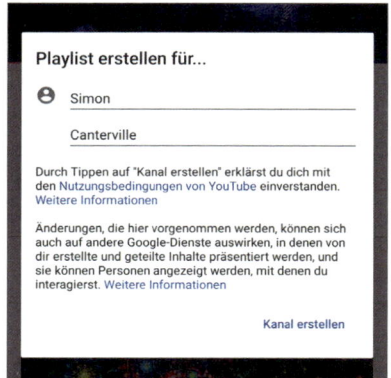

2. Anschließend können Sie beliebig viele weitere Listen anlegen, die in der Mediathek angezeigt und ausgewählt werden können, indem Sie auf das Symbol *Neue Liste* tippen.

3. Weitere Videos werden beim Speichern in der zuletzt verwendeten Playlist gesichert. Auch diese kann aber jederzeit geändert werden.

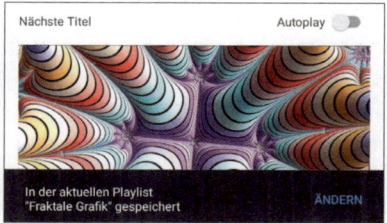

4. Alle Listen sind zunächst privat, können also von niemandem gesehen werden, der Ihren Kanal sieht. Im Zusammenhang mit dem eigenen Kanal können die Listen später für die Öffentlichkeit freigegeben werden oder auch nicht.

Die eigenen Listen erscheinen in der Mediathek. Hier können Sie einzelne Videos oder auch die gesamte Playlist abspielen.

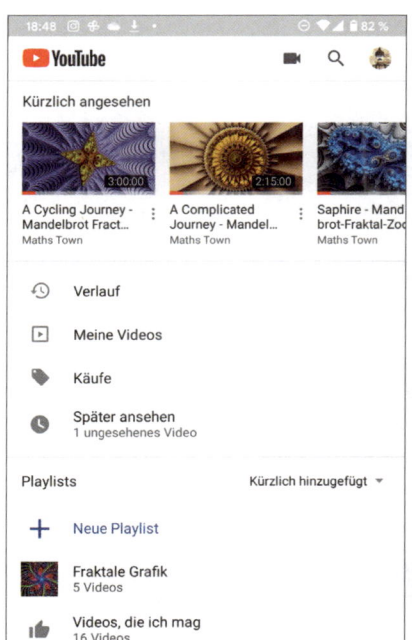
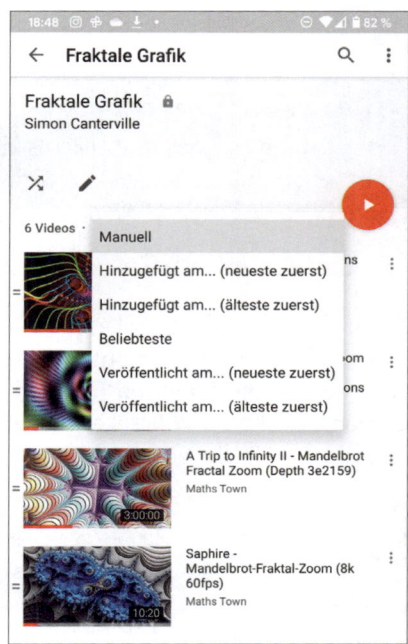

Playlists in der Mediathek

Tippen Sie in einer Playlist oben auf *Sortieren*, um die Reihenfolge der Videos nach verschiedenen Kriterien automatisch zu sortieren. Außerdem lassen sich einzelne Videos per Drag-and-drop innerhalb der Playlist verschieben.

Like und Dislike

Wie auch bei anderen sozialen Netzwerken kann jeder, dem ein Video auf YouTube gefällt, dies mit einem einfachen Fingertipp öffentlich kundtun. Tippen Sie dazu auf den Daumen nach oben links unter dem Video. Dieser erscheint bei Videos, die Sie gelikt haben, in Blau. Sollte Ihnen ein Beitrag später nicht mehr gefallen, tippen Sie noch einmal auf den Daumen nach oben, um den Like zurückzunehmen.

Liken als deutsches Wort

Der Duden hat das Verb *liken* offiziell in den deutschen Wortschatz aufgenommen. Dort ist es so definiert: *[in einem sozialen Netzwerk] im Internet eine Schaltfläche anklicken, um eine positive Bewertung abzugeben*.

Im Gegensatz zu Facebook und Instagram kennt YouTube auch einen Dislike, einen Daumen nach unten, um seinen Unmut über ein Video oder die dort verbreitete Meinung deutlich kundzutun. Die Symbole zeigen die Zahlen der Likes und Dislikes in Echtzeit. Gelikte Videos werden automatisch zu der Playlist *Videos, die ich mag* hinzugefügt.

Die Videos mit den meisten Dislikes

Nicht alle Videos kommen bei den Nutzern gut an. Lange Zeit galt das Video *Justin Bieber – Baby ft. Ludacris* als schlechtestes Video aller Zeiten mit 10 Millionen Dislikes bei immerhin 14 Millionen Likes. YouTube konnte dies inzwischen selbst toppen.

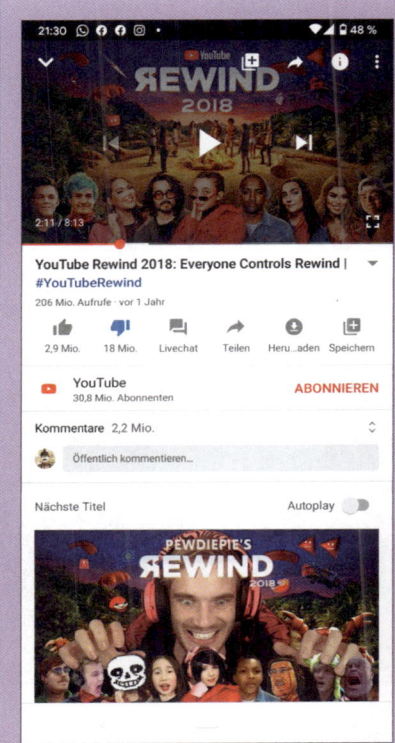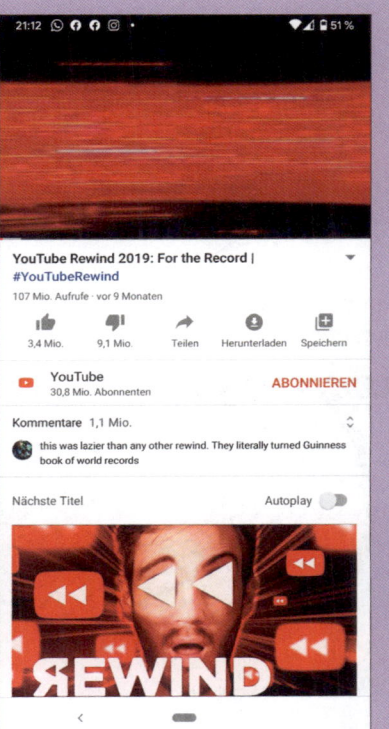

YouTube veröffentlicht jedes Jahr ein sogenanntes Rewind-Video, das die Trends des Jahres widerspiegeln soll, aber bei Nutzern wie auch den in Kurzclips zitierten YouTubern meist auf wenig Gefallen stößt, weshalb YouTuber ihre Fans dazu auffordern, diese Videos zu disliken.

Das Rewind aus dem Jahr 2018 schaffte in den knapp zwei Jahren, seit es online ist, den Negativrekord von 18 Millionen Dislikes bei nur 2,9 Millionen Likes. Daraus entwickelte sich ein Kult, die Rewind-Videos zu disliken.

Das Rewind von 2019 kommt in einem knappen Jahr schon auf 9,1 Millionen Dislikes, aber auch 3,4 Millionen Likes.

Abos

Wie auf Facebook und anderen sozialen Netzwerken können Sie auch auf YouTube bestimmten Kanälen folgen und sehen so leichter deren neueste Videos in der App.

Unterhalb eines Videos erscheinen der Name und das Profilbild des Kanals. Tippen Sie in diesem Balken auf *Abonnieren*, um den Kanal zu abonnieren.

Tippen Sie auf das Profilbild eines Kanals, um die Videos, Playlists und weiteren Inhalte dieses Kanals zu sehen. Auch in dieser Ansicht können Sie den Kanal abonnieren.

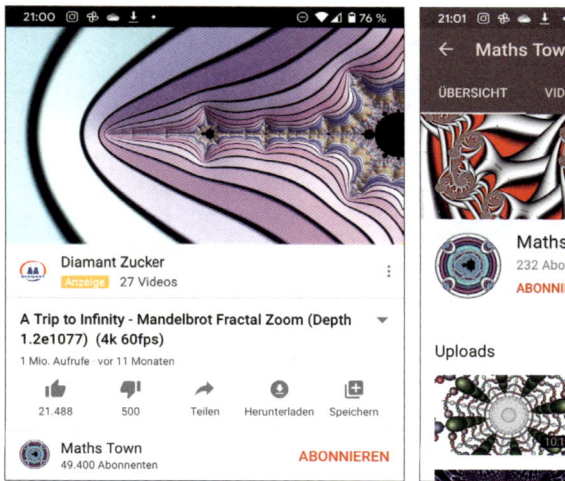 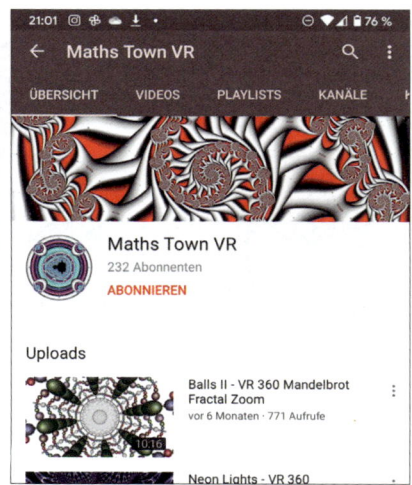

Kanal abonnieren

Auf der Seite *Abos* in der App sehen Sie neueste Videos aller abonnierten Kanäle. Über die runden Kanalbilder oben können Sie Videos einzelner Kanäle auflisten.

Darunter finden Sie Filter, um nur Videos von heute, bereits teilweise angesehene, noch gar nicht angesehene oder Live-Sendungen zu sehen.

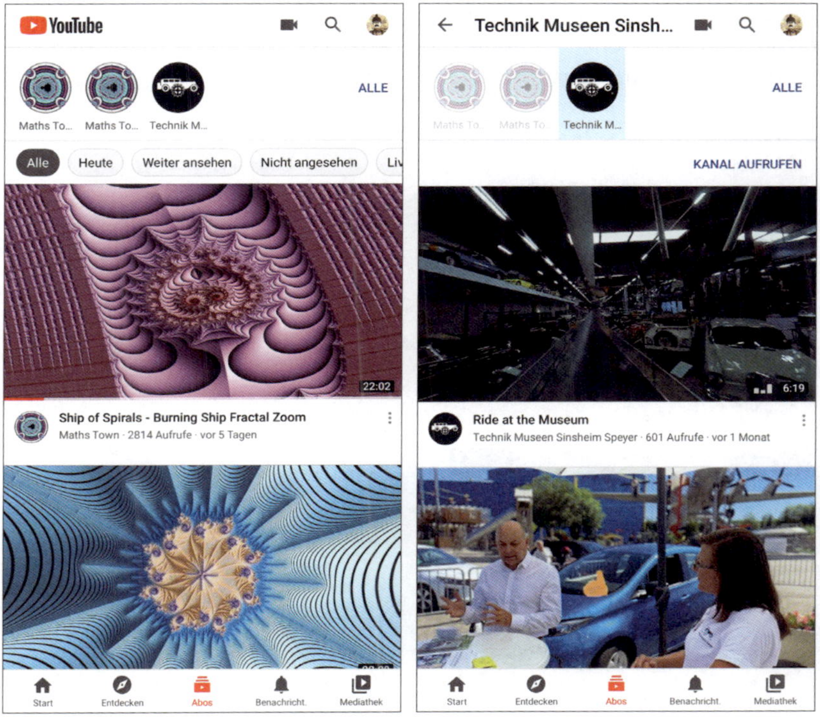

Alle Abos und Videos eines abonnierten Kanals

Benachrichtigungen

YouTube zeigt im Bereich *Benachrichtigungen* der App die letzten Benach-richtigungen alle noch einmal an. Die untere Symbolleiste der YouTube-App zeigt eine Zahl ungelesener Benachrichtigungen.

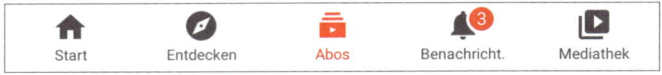

Von hier aus können Sie die jeweiligen Inhalte abrufen. Dies funktioniert auch, wenn Sie Systembenachrichtigungen ausgeschaltet haben und You-

Tube Sie bei neuen Ereignissen nicht unterbrechen soll. Bei welchen Ereignissen YouTube benachrichtigen soll, legen Sie in den Einstellungen der YouTube-App unter *Benachrichtigungen* fest.

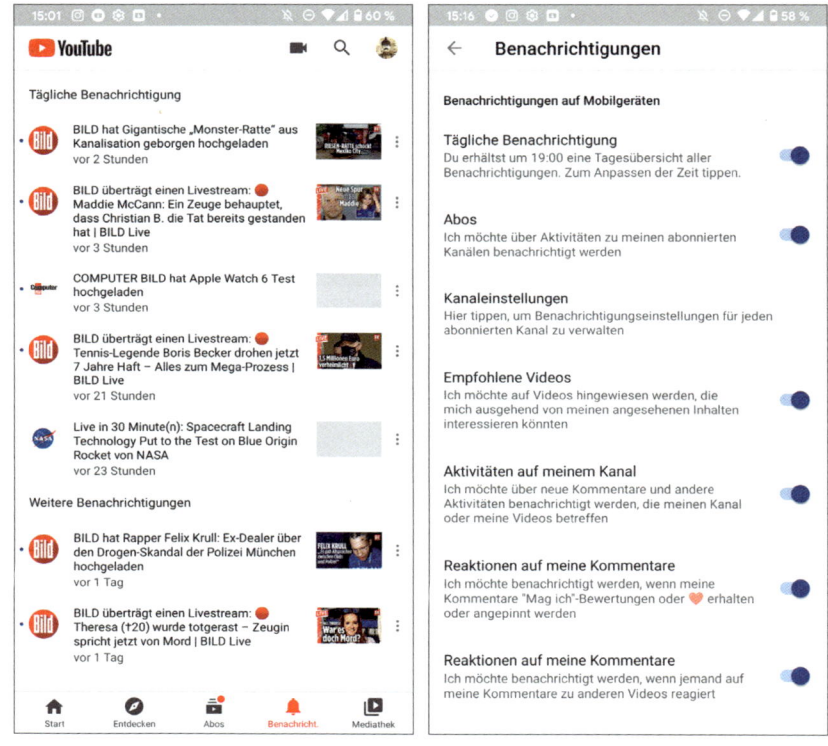

Benachrichtigungen innerhalb der YouTube-App

Die Glocke

YouTuber erwähnen in ihren Videos immer wieder, Zuschauer sollten die Glocke drücken. Diese Glocke legt bei einem abonnierten Kanal fest, ob man als Abonnent personalisierte Benachrichtigungen bei neuen Videos passend zu den bereits gesehenen bekommt oder sogar alle Benachrichtigungen eines Kanals.

Tippen Sie nach dem Abonnieren eines Kanals auf die Glocke ganz rechts, haben Sie drei Auswahlmöglichkeiten. Die gleiche Auswahl erscheint auch bei jedem Video eines abonnierten Kanals, das Sie abspielen.

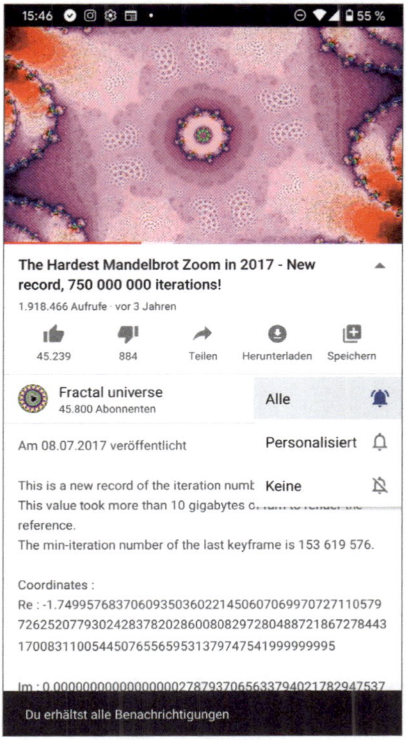

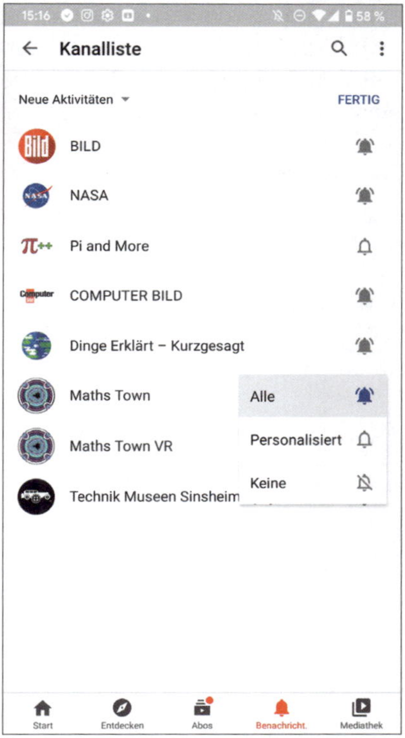

In den YouTube-Einstellungen unter *Benachrichtigungen/Kanaleinstellungen* finden Sie die Benachrichtigungseinstellungen für jeden Kanal und können die Glocken einzeln umschalten.

+++ SO GEHT ES AUF DEM PC +++

Auf dem PC zeigt die Glocke neben dem Profilbild oben rechts die Anzahl neuer Benachrichtigungen an. Ein Klick darauf blendet eine Liste dieser Benachrichtigungen ein.

YouTube sendet auch Benachrichtigungen über den Webbrowser auf dem PC. Bei der ersten Benachrichtigung erscheint eine Frage, in der Sie Benachrichtigungen von YouTube grundsätzlich zulassen oder ablehnen können. Diese Einstellung können Sie jederzeit nachträglich ändern.

In den YouTube-Einstellungen unter *Benachrichtigungen* legen Sie fest, bei welchen Ereignissen YouTube benachrichtigen soll. Diese Einstellungen werden auf andere Geräte synchronisiert.

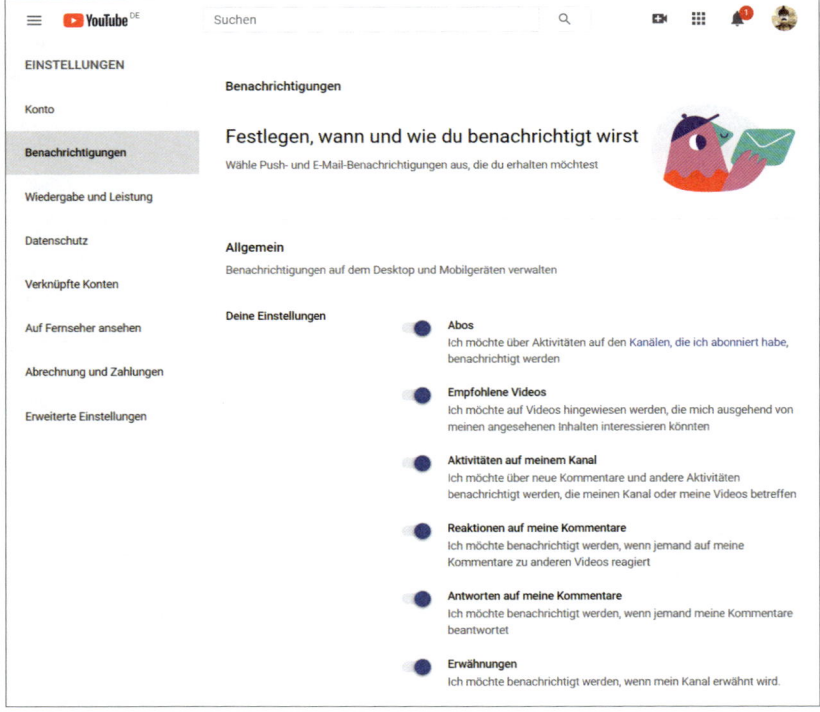

Im **Chrome**-Browser finden Sie die Einstellung dafür unter *Datenschutz und Sicherheit/Website-Einstellungen/Benachrichtigungen*. Hier gibt es Listen von Adressen, deren Benachrichtigungen blockiert oder abgelehnt werden. Über die Menüs mit den drei Punkten rechts neben jeder URL können Sie Benachrichtigungen zulassen oder blockieren.

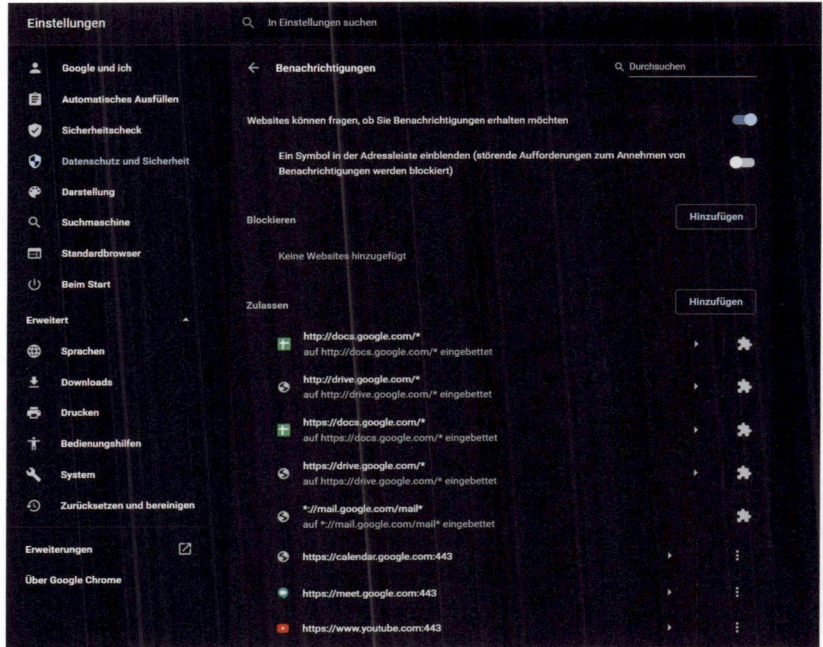

Im **Edge**-Browser finden Sie vergleichbare Listen in den *Einstellungen* unter *Datenschutz und Sicherheit/Website-Einstellungen/Benachrichtigungen*.

In **Firefox** klicken Sie in den *Einstellungen* unter *Datenschutz & Sicherheit/ Berechtigungen/Benachrichtigungen* auf *Einstellungen*. Hier legen Sie die Berechtigung zum Benachrichtigen fest.

YouTube-Empfehlungen

YouTube empfiehlt auf der Startseite der App Videos, basierend auf den zuletzt gesehenen Videos, den gelikten und den abonnierten Kanälen.

Diese Vorschläge lassen sich innerhalb bestimmter Grenzen beeinflussen. Möchten Sie zu bestimmten Themen weniger Videos sehen, haben Sie Möglichkeiten, diese einzuschränken.

- Tippen Sie auf die drei Punkte rechts unter einem Video und wählen Sie im Menü *Kein Interesse*, um dieses und ähnliche Videos für die Empfehlungen nicht mehr zu berücksichtigen.

- Wählen Sie in diesem Menü *Keine Videos von diesem Kanal empfehlen*, um den Kanal des ausgewählten Videos für die Empfehlungen nicht mehr zu berücksichtigen.

- Entfernen Sie Videos mit unerwünschten Themen aus der Verlaufsliste, indem Sie dort auf das Menü mit den drei Punkten und dann auf *Aus Wiedergabeverlauf entfernen* tippen.

- Disliken Sie Videos, von denen Sie nicht möchten, dass die Inhalte für Empfehlungen berücksichtigt werden.

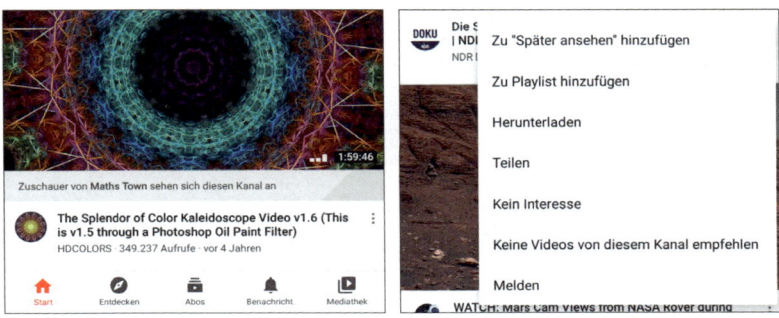

Links: Empfehlung eines Kanals aufgrund eines Abos, rechts: Video für Empfehlungen nicht berücksichtigen

Videos teilen

YouTube lebt wie jedes soziale Netzwerk davon, Links auf Videos mit Freunden zu teilen und die Videos so populär zu machen. Dabei ist besonders bei YouTube – neben der Kommunikation unter den aktiven Nutzern innerhalb des Netzwerks – auch die Weitergabe der Links über andere Wege wichtig.

1. Möchten Sie ein Video, das Sie auf YouTube gesehen haben, mit Freunden teilen, zum Beispiel per E-Mail oder WhatsApp, tippen Sie unter dem Video auf das Symbol *Teilen*. Hier erscheint eine Liste von Apps, mit denen ein Link auf das Video geteilt werden kann.

2. Wählen Sie die gewünschte App aus und der Link wird automatisch dort eingefügt, um ihn weiterzuteilen.

3. Das Symbol *Link kopieren* kopiert den Link auf das Video in die Zwischenablage, um ihn in beliebigen Apps weiterverwenden zu können.

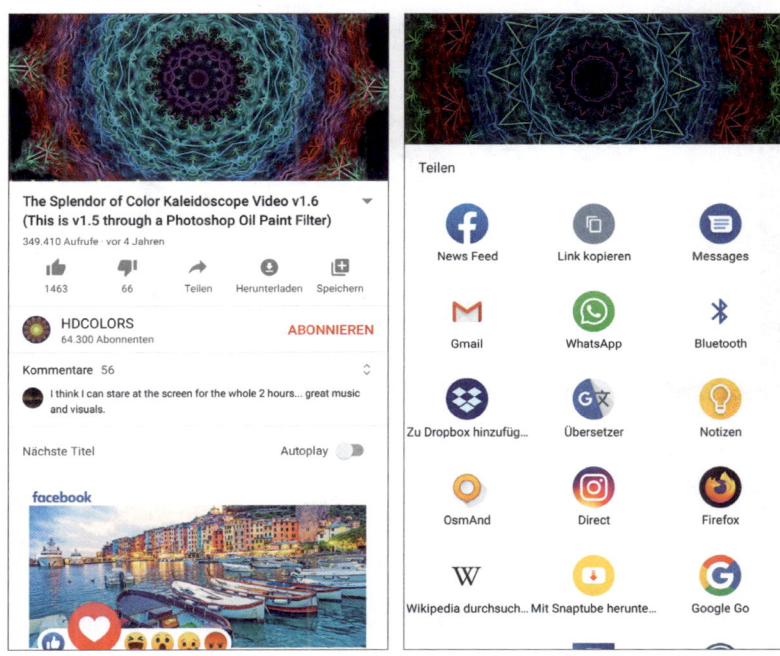

Video in anderen Apps teilen

Video-ID in YouTube

Jedes Video hat eine eindeutige ID, die aus elf Buchstaben oder Ziffern besteht. Diese ID reicht aus, um auf ein Video zu verweisen. So können Sie zum Beispiel per Telefon ein Video teilen. Der Empfänger kann diese ID in das Suchfeld auf YouTube eingeben oder einfach als Link an *youtu.be/…* anhängen. Einfach ein paar Suchbegriffe weiterzugeben, wie es viele gern tun, führt nicht unbedingt zum richtigen Video, da YouTube die Suchergebnisse anhand der angesehenen Videos und Abos personalisiert.

+++ SO GEHT ES AUF DEM PC +++

Ein Klick auf das *Teilen*-Symbol öffnet ein Fenster, das den Link zum Video zeigt. Hier können Sie den Link kopieren oder in bekannten sozialen Netzwerken wie auch als E-Mail teilen.

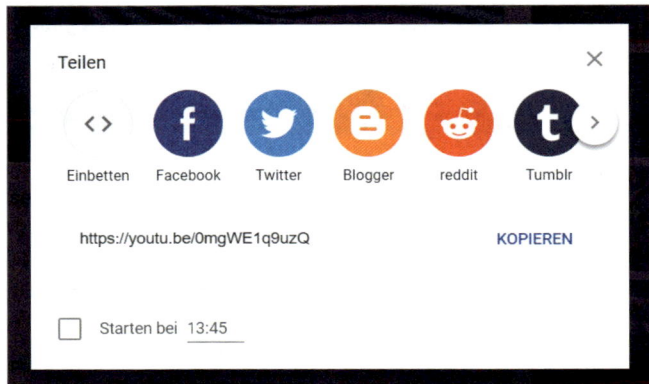

Der Schalter *Starten bei* erstellt einen Link auf einen bestimmten Zeitpunkt im Video. Diesen können Sie frei wählen oder ein Video beim Abspielen an der gewünschten Stelle pausieren. Beim Klick auf Teilen wird der Zeitpunkt automatisch übernommen.

YouTube-Videos in WhatsApp

Beim Weiterleiten eines YouTube-Videos in WhatsApp werden automatisch zusätzlich zum Link der Titel und ein Vorschaubild in den WhatsApp-Chat übernommen.

Weitergeleitete Videos aus YouTube lassen sich in WhatsApp direkt anzeigen, ohne die YouTube-App zu öffnen.

Tippen Sie auf das Vorschaubild des Videos in WhatsApp, öffnet sich dieses in einem frei verschiebbaren Fenster auf dem Bildschirm. Sie können während des Betrachtens weiter chatten, allerdings nur mit derselben Person. Wechseln Sie zu einem anderen WhatsApp-Chat oder in eine andere App, wird das Video beendet.

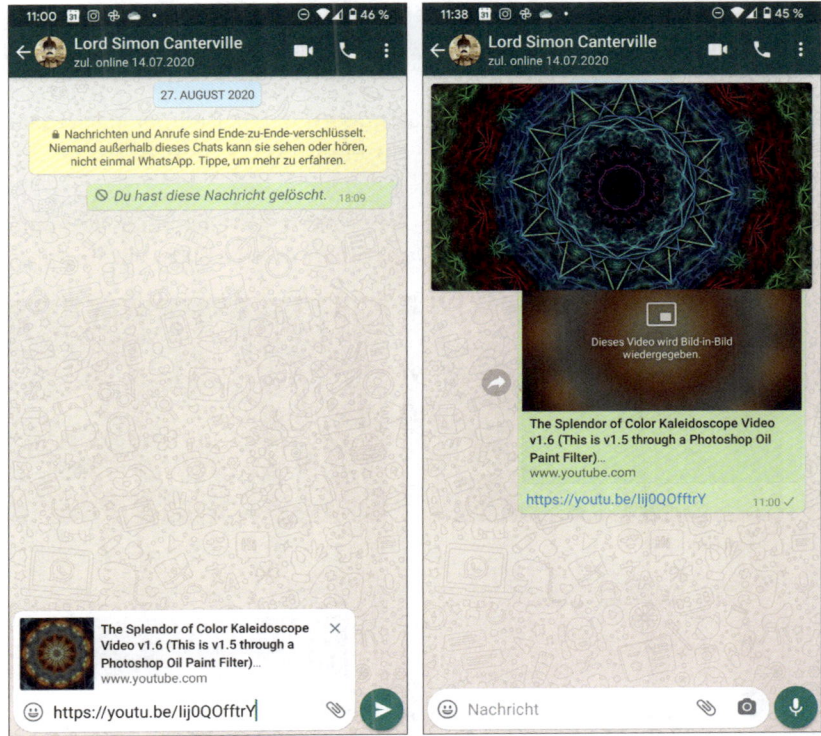

Weitergeleitetes Video als Bild im Bild in WhatsApp betrachten

Tippen Sie auf den YouTube-Link statt auf das Vorschaubild, öffnet sich das Video in der YouTube-App.

Kommentare posten

Ein Kommentar kann eine noch bessere und auch persönlichere Wertschätzung eines Videos sein als ein einfacher Like. Als YouTuber freut man sich natürlich besonders über Kommentare. Bei manchen Videos kann sich so eine regelrechte Diskussion mit Tausenden von Kommentaren entwickeln.

1. Unter jedem Video ist ein Kommentarfeld zu finden. Tippen Sie auf das Kommentarfeld, erweitert sich dieses und Sie können die Kommentare lesen.

2. Bei jedem Kommentar finden Sie Symbole mit dem Daumen nach oben oder nach unten. Hier können Sie einzelne Kommentare liken oder disliken.

3. Tippen Sie auf das Feld *Öffentlich kommentieren*. Jetzt können Sie einen eigenen Kommentar schreiben. Dazu öffnet sich die Bildschirmtastatur.

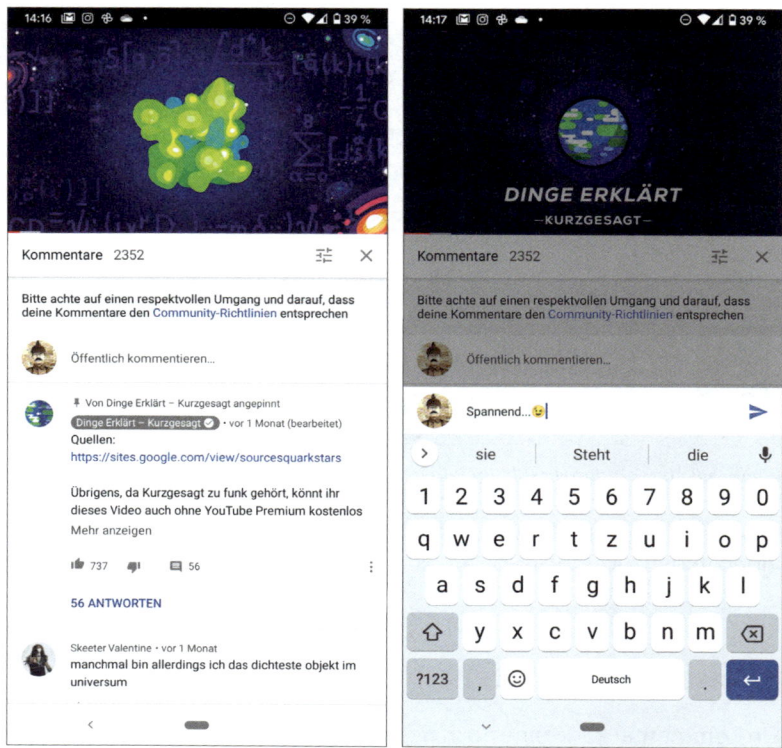

4. Tippen Sie den Text auf der Bildschirmtastatur und schicken Sie ihn mit der blauen ⏎-Taste rechts unten ab. In Bruchteilen von Sekunden erscheint der Kommentar öffentlich unter dem Video.

> **Kanal wird erstellt**
>
> Mit dem ersten Kommentar wird automatisch – wie auch bei der ersten Liste – ein Kanal erstellt. Dies hat zunächst keine Auswirkung, solange Sie noch kein eigenes Video veröffentlichen.

5. Bei Videos mit sehr vielen Kommentaren können Sie über das Menüsymbol die Sortierung der Kommentare ändern. Das x-Symbol rechts schließt das Kommentarfeld und zeigt wieder die Symbolleisten und nächsten Videovorschläge.

6. Um bei vielen Kommentaren den Überblick zu behalten, können Sie auf einzelne Kommentare gezielt antworten. Tippen Sie dazu auf das Antwort-Symbol neben den Like- und Dislike-Symbolen unter einem Kommentar oder auf die angezeigte Zahl der Antworten. Hier können Sie öffentlich auf einen Kommentar antworten.

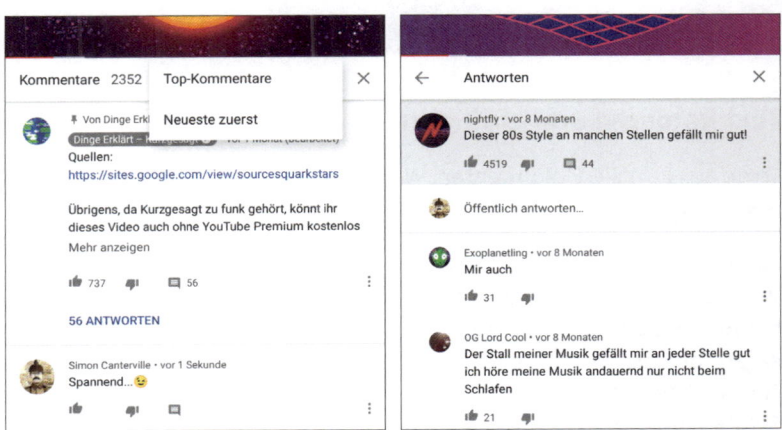

Links: Kommentare sortieren, rechts: Kommentare beantworten

Wortvorschläge

Oberhalb der Tastatur werden beim Tippen Wortvorschläge gemacht, die Sie antippen und damit übernehmen können. Hat man sich an diese Vorschläge einmal gewöhnt, schreibt es sich deutlich schneller, da längst nicht mehr jedes Wort vollständig eingegeben werden muss und auch Recht-schreibfehler leichter vermieden werden. Diese Vorschläge richten sich nach den eingegebenen Buchstaben oder versuchen, am Wortanfang an-hand des zuletzt geschriebenen Wortes passende Wörter vorzuschlagen.

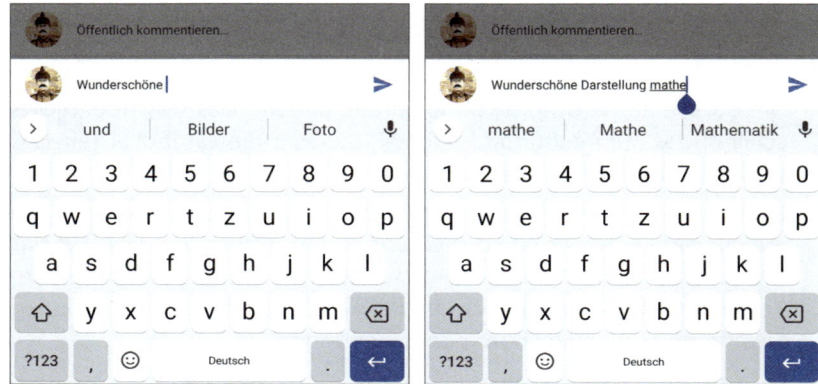

Wortvorschläge beim Schreiben eines Kommentars

Text kopieren und einfügen

Texte aus E-Mails, Dokumenten, Webseiten oder anderen Apps lassen sich leicht in einen Kommentar oder eine Videobeschreibung kopieren.

Die Zwischenablage in Android steht in diversen unterstützten Apps zur Verfügung. Markieren Sie ein Wort oder einen Textbereich durch Antippen, können Sie diesen direkt in die Zwischenablage kopieren. Ziehen Sie an einem der blauen Griffe, können Sie die Markierung auf einen größeren Textbereich ausdehnen. Über das Menü mit den drei Punkten rechts in der Symbolleiste können Sie in einigen Apps den kompletten Text auswählen. Videobeschreibungen aus YouTube können auf diese Weise nicht kopiert werden.

Haben Sie gerade einen Text kopiert und wechseln dann in das Kommen-tarfeld bei YouTube, erscheinen bei unterstützten Tastatur-Apps die ersten Wörter des kopierten Textes auf einer Schaltfläche. Tippen Sie darauf, um den kopierten Text komplett einzufügen.

Kopierten Text aus einer anderen App in einen YouTube-Kommentar einfügen

Halten Sie in YouTube den Finger etwas länger auf dem Eingabefeld für einen Kommentar, erscheint das Symbol *Einfügen*. Tippen Sie darauf, um den kopierten Text einzufügen. Jetzt können Sie in einem kleinen Fenster noch durch den Text blättern und ihn bearbeiten, bevor Sie ihn endgültig abschicken.

Emojis in Kommentaren

Emojis sind kleine Bildchen zur Darstellung von Stimmungs- und Gefühls-zuständen in der schriftlichen Kommunikation. Ursprünglich waren das reine ASCII-Zeichen, etwa :-) für ein lächelndes Gesicht, auch als Smiley bezeichnet. Diese können über das Symbol mit dem Gesicht links unten neben der Leertaste auf der Tastatur ausgewählt werden. Das ABC-Symbol an der gleichen Stelle blendet wieder die Tastatur ein.

Welche Emojis sind die beliebtesten?

Die Seite emojitracker.com zeigt in Echtzeit die Verwendung von Emojis auf Twitter. Bei YouTube, Facebook, Instagram und anderen Netzwerken dürfte die Verteilung ähnlich sein. Das Tränen la-chende Smiley liegt mit großem Abstand vor dem roten Herzen ganz vorn in der Beliebtheitsskala.

Die Emojis sind nach Kategorien geordnet. Über eine senkrechte Wisch-bewegung in der neuen Version der Gboard-Tastatur, die bei Android 11 mitgeliefert wird, oder horizontales Wischen in früheren Versionen oder anderen Bildschirmtastaturen tauchen weitere Emojis auf. Bei den meisten

menschlichen Figuren und Handgesten, die unten rechts mit einem kleinen Dreieck gekennzeichnet sind, lassen sich durch längeres Antippen die
Hautfarbe und das Geschlecht wählen.

*Links: Smileys und zuletzt verwendete Emojis, rechts: Personen und Berufe mit Auswahl
von Geschlecht und Hautfarbe*

In der privaten Korrespondenz durchaus sinnvoll und lustig, sollten Emojis
im offiziellen Schriftverkehr nur sparsam eingesetzt werden. Emojis sollte
man nur verwenden, wenn man sicher ist, dass der Empfänger darunter
das Gleiche versteht – eventuell auch in einer anderen Sprache.

Gleiche Emojis werden auf unterschiedlichen Systemplattformen grafisch
unterschiedlich dargestellt.

Emojis suchen

Bei der Vielfalt der Emojis wird es immer schwieriger, das passende zu finden. Deshalb bietet Android die Möglichkeit, Emojis zu suchen. Geben Sie
dazu im Suchfeld oberhalb der Emoji-Tastatur einen Begriff ein. Passende
Emojis werden vorgeschlagen.

*Besonders nützlich ist die Emoji-Suche bei Landesflaggen, die man nicht auswendig
kennt.*

+++ SO GEHT'S AUF DEM IPHONE +++

Tippen Sie ein Wort, zu dem iOS Emojis kennt, werden diese ganz rechts bei den Wortvorschlägen angezeigt und können direkt angetippt und übernommen werden.

Kommentare automatisch übersetzen

Die Kommentare unter den meisten Videos sind in der Sprache verfasst, in der auch der Text des Videos gesprochen wird, da man davon ausgeht, dass der YouTuber, der das Video veröffentlicht hat, diese Sprache verstehen kann.

Möchten Sie einen Kommentar in einer Ihnen nicht vertrauten Sprache schreiben oder beantworten, können Sie eigene Texte vor dem Absenden automatisch übersetzen lassen.

Qualität der Übersetzung

Zur Veröffentlichung fremdsprachiger Texte ist der Google Übersetzer wie jede andere Art automatischer Übersetzung völlig ungeeignet. Besonders bei Sprachen, bei denen man nicht einmal den leisesten Hauch einer Ahnung hat, was ein Text bedeutet, kann eine automatische Übersetzung aber durchaus hilfreich sein. Besonders bei längeren Kommentaren sollte man seine Leser darauf hinweisen, dass die Texte automatisch übersetzt wurden.

1. Tippen Sie auf das Pfeilsymbol oben links über der Tastatur und blenden Sie die Symbolleiste ein.

2. Über die drei Punkte rechts erreichen Sie das Symbol *Übersetzen*. Wenn Sie es oft benötigen, können Sie es auch direkt in die Symbolleiste der Tastatur ziehen.

3. Wählen Sie die Ausgangs- und Zielsprache und geben Sie einen Text ein. Dieser erscheint in der Textzeile oberhalb der Tastatur. Im Text wird gleich die Übersetzung eingetragen.

+++ SO GEHT'S AUF DEM IPHONE +++

Um den Google Übersetzer auf dem iPhone zu nutzen, bietet Google seine Gboard-Tastatur auch im App Store an. Nach der Installation muss diese Tastatur in den *Einstellungen* ausgewählt und ihr voller Zugriff gewährt werden.

Um die Übersetzungsfunktion der Tastatur zu aktivieren, tippen Sie in der Symbolleiste auf das *Google Translate*-Symbol und wählen anschließend die Ausgangs- und Zielsprache aus.

Danach können Sie den Text auf Deutsch eingeben. Die iOS-Version von Gboard übersetzt nicht automatisch in Echtzeit wie die Android-Version. Tippen Sie unten rechts auf die blaue Taste *Übersetzen*, wird die Übersetzung oben im Kommentarfeld angezeigt, aber noch nicht gesendet. Sie können den Text noch korrigieren. Um den Kommentar abzuschicken, tippen Sie auf den blauen Pfeil in der Kommentarzeile.

4. Eigene Videos aufnehmen und veröffentlichen

Richtig interessant wird YouTube erst, wenn man selbst Videos hochlädt und damit einen eigenen Kanal mit eigenen Fans aufbaut. Ein anfangs mit einer kleinen Fangruppe gestarteter Kanal kann es auf mehrere Hunderttausend Abonnenten bringen. Allerdings muss man dann schon mit fast professionellem Aufwand den Kanal pflegen und regelmäßig Videos hoher Qualität liefern.

Als Erstes sollten Sie sich natürlich fragen: Brauche ich unbedingt möglichst viele Abonnenten oder möchte ich lieber, dass meine persönlichen Freunde und Leute mit ähnlichen Interessen mir folgen?

Eigenen Kanal anlegen und verwalten

Mit der ersten eigenen Playlist haben Sie bereits einen Kanal erstellt, der aber bis jetzt noch inaktiv ist, also keine öffentlichen Inhalte bietet.

1. Tippen Sie in der YouTube-App oben rechts auf Ihr Profilbild und wählen Sie auf dem nächsten Bildschirm *Mein Kanal*.

2. Auf dem folgenden Bildschirm finden Sie eine Übersicht über Ihren bis jetzt noch leeren Kanal. Hier werden später eigene Videos angezeigt. Im Bereich *Playlists* finden Sie Ihre persönlichen Playlists und unter *Kanäle* die abonnierten Kanäle.

3. Tippen Sie auf das Einstellungen-Symbol auf der Seite *Übersicht*, können Sie Ihren Namen und die Beschreibung des Kanals ändern. Tragen Sie hier eine aussagekräftige Beschreibung ein, die den Besuchern ausführliche Informationen über die Inhalte Ihres Kanals und auch über Ihre persönliche Motivation liefert. Abonnenten haben dadurch das Gefühl, eine persönliche Beziehung zum Kanalbetreiber aufzubauen. Die Beschreibung kann bis zu 1.000 Zeichen lang sein, soll aber nicht langweilig wirken.

4. Auf der gleichen Seite können Sie auch Ihre Abos und Playlists, die in der Grundeinstellung privat und für niemanden sichtbar sind, öffentlich machen, damit Abonnenten sie sehen und nutzen können.

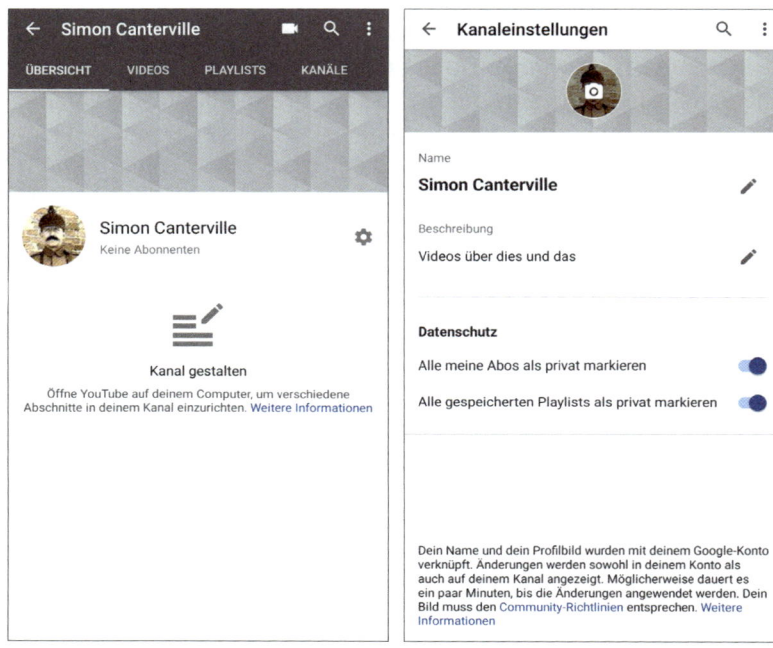

Kanalübersicht und Kanaleinstellungen in der YouTube-App

YouTube bietet seit einiger Zeit vielfältige Möglichkeiten, den eigenen Kanal zu personalisieren. Seitdem sind Anpassungen am Design des Kanals nicht mehr in der App möglich, sondern nur noch auf dem PC.

1. Klicken Sie im Browser bei YouTube oben rechts auf Ihr Profilbild und wählen Sie im Menü *Mein Kanal*.

2. Jetzt sehen Sie eine Übersichtsseite, die zunächst noch leer ist, solange Sie noch keine Videos hochgeladen haben. Im Bereich *Playlists* tauchen schon Ihre privaten Playlists auf, die aber öffentlich noch niemand sieht.

3. Klicken Sie hier auf *Kanal anpassen*, öffnet sich das *YouTube Studio*, in dem Sie Ihren Kanal persönlich gestalten können.

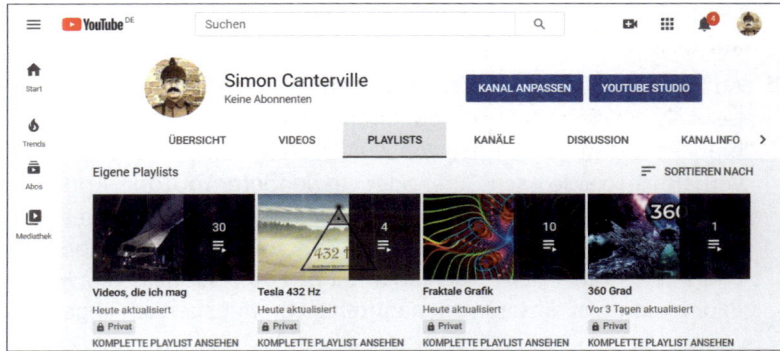

Playlists im eigenen YouTube-Kanal

4. Im Bereich *Branding* der Seite *Kanalanpassung* können Sie Ihr Profilbild für den Kanal ändern. Dieses Bild sollte quadratisch in einer Auflösung von 98 x 98 Pixeln vorliegen.

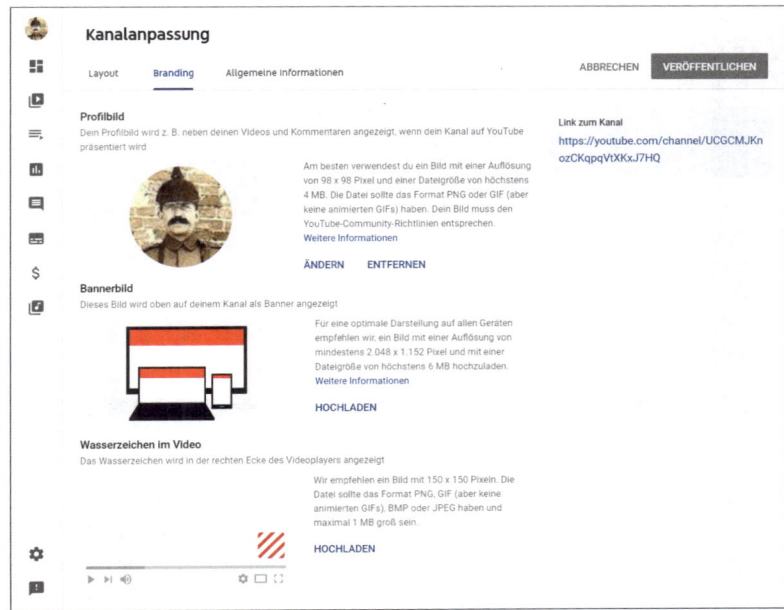

Kanalanpassung in YouTube Studio

Da die Profilbilder der Kanäle rund dargestellt werden, achten Sie darauf, dass sich in den Ecken keine wichtigen Bildinhalte befinden.

5. Auf der gleichen Seite legen Sie zudem ein Kanalbild – auch als Banner bezeichnet – fest, das oben auf Ihrem Kanal angezeigt wird. Dieses Bild braucht eine Mindestgröße von 2.048 x 1.152 Pixeln, optimal im Seitenverhältnis 16:9. Je nach Gerät oder verwendeter YouTube-App sind nur Teile dieses Bildes sichtbar. In der Bildmitte gibt es einen Bereich von 1.235 x 338 Pixeln, der auf jedem Gerät zu sehen ist. Ziehen Sie den Bildbereich nach dem Hochladen eines Fotos so, dass die wichtigen Bildelemente in diesem sogenannten Sicherheitsbereich liegen.

Kanalbild und sichtbare Bereiche festlegen

6. Viele YouTuber bauen immer schon kleine Logos, sogenannte Wasserzeichen, in einer Ecke ihrer Videos ein. Mit dem neuen *YouTube Studio* ist dafür keine externe Videobearbeitungssoftware mehr nötig. Laden Sie ein 150 x 150 Pixel großes Bild hoch, das als Wasserzeichen in jedem Video rechts unten eingeblendet wird.

7. Im Bereich *Allgemeine Informationen* können Sie den Namen und die Beschreibung des Kanals ändern. Die Beschreibung kann in mehreren Sprachen formuliert werden. Anhand der in der App oder im Browser des Besuchers eingestellten Anzeigesprache wird die entsprechende Beschreibung eingeblendet.

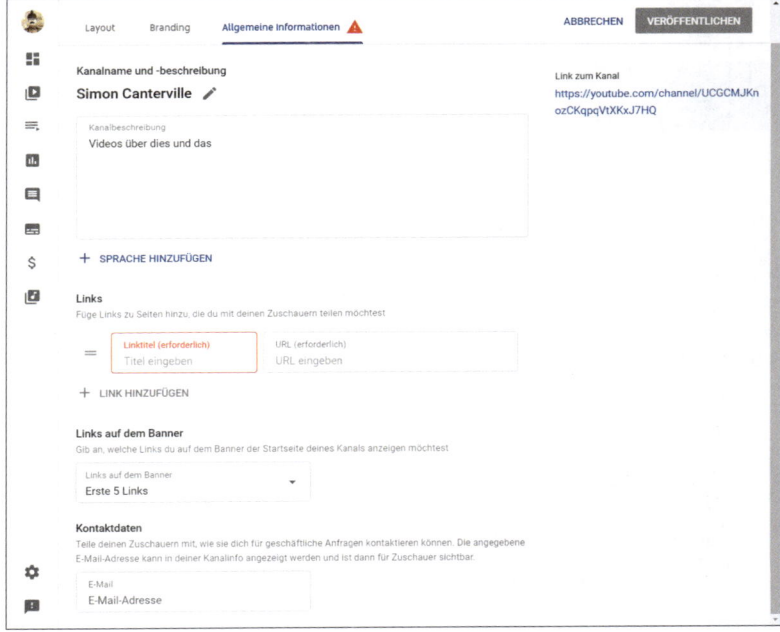

Allgemeine Informationen zum Kanal eintragen

8. Weiter unten können Sie Links auf Ihre Webseiten, Facebook-Profil, Twitter, Instagram, Flickr und andere eintragen. Bis zu fünf der Links können auf dem PC als Symbole rechts unten im Banner angezeigt werden. In der YouTube-App erscheinen diese Links auf der Kanalseite im Bereich *Kanalinfo*.

9. Im Bereich *Layout* legen Sie bestimmte Videos als Trailer oder hervorgehobenes Video fest. Dies funktioniert natürlich erst, wenn Sie eigene Videos hochgeladen haben.

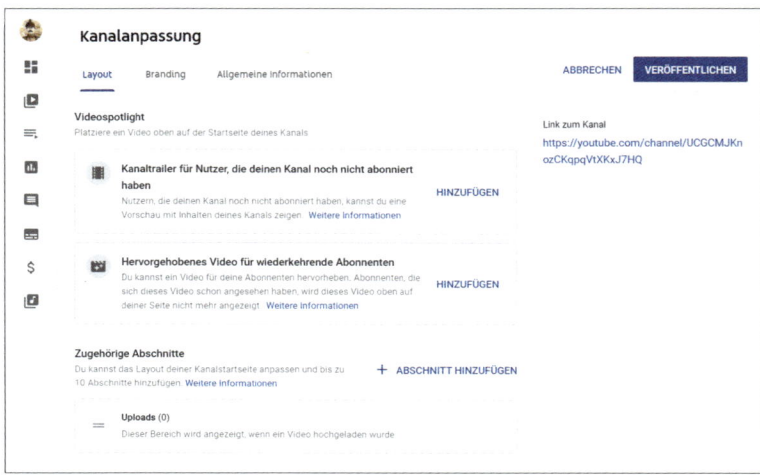

Videos im Kanal hervorheben

10. Nach einem Klick auf *Veröffentlichen* kann der Kanal von anderen gesehen und abonniert werden. Bis die Suche auf YouTube einen neuen
leeren Kanal findet, können aber einige Stunden bis Tage vergehen.

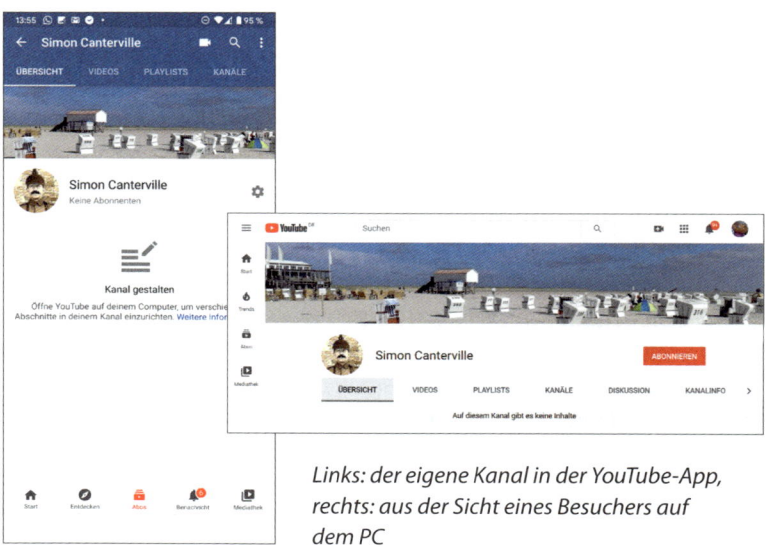

*Links: der eigene Kanal in der YouTube-App,
rechts: aus der Sicht eines Besuchers auf
dem PC*

Bestätigte YouTube-Konten

Einige Funktionen beim Bearbeiten von Kanälen sind nur mit bestätigten YouTube-Konten möglich. Dazu erscheint einmalig eine Aufforderung, eine Telefonnummer einzutragen, an die ein Bestätigungscode per SMS oder Sprachnachricht gesendet wird, der dann in einem Webformular eingegeben werden muss.

Eigene Videos hochladen

Jetzt kommt der spannende Moment, in dem Sie Ihr erstes Video auf YouTube veröffentlichen.

1. Spielen Sie auf dem Smartphone ein gespeichertes Video ab und tippen Sie auf das *Teilen*-Symbol.

2. In der Liste der Apps zum Teilen wählen Sie *YouTube*.

3. Auf dem nächsten Bildschirm tragen Sie den Titel des Videos sowie eine Beschreibung ein. In dieser Beschreibung können Sie auch Hashtags verwenden. Legen Sie zusätzlich fest, ob das Video öffentlich oder privat sein soll.

4. Wählen Sie ganz unten einen Standort, an dem das Video aufgenommen wurde, damit Besucher auch nach Orten suchen können. Hier werden Standorte in der aktuellen Umgebung vorgeschlagen. Wurde das Video woanders aufgenommen, suchen Sie einen Standort, indem Sie die ersten Buchstaben eingeben.

   Der Standort wird beim Abspielen oberhalb der Videobeschreibung angezeigt. Tippt man darauf, werden weitere Videos gelistet, die an diesem Standort aufgenommen wurden.

5. Tippen Sie auf *Hochladen*, dauert es je nach Größe des Videos einige Zeit, bis es hochgeladen und auf YouTube zum Veröffentlichen verarbeitet ist. Anschließend erscheint es, vorausgesetzt, es wurde auf *Öffentlich* gesetzt, bei den Besuchern Ihres Kanals unter den Videos.

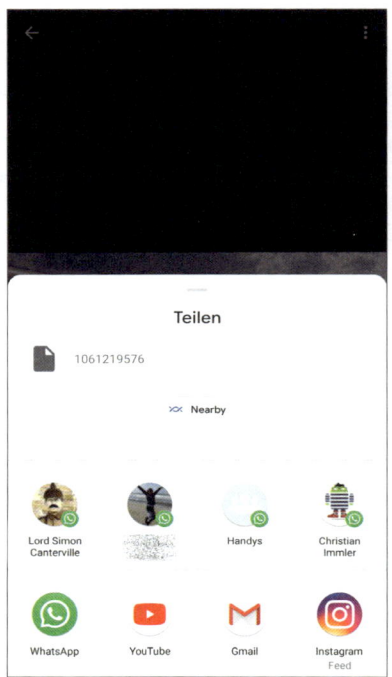

Video aus der Galerie hochladen

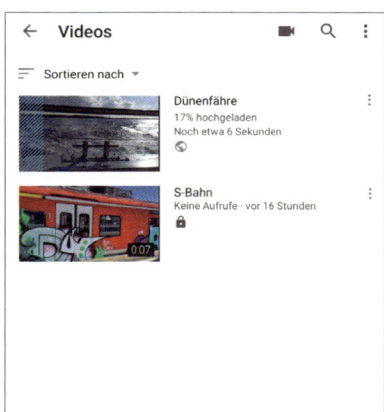
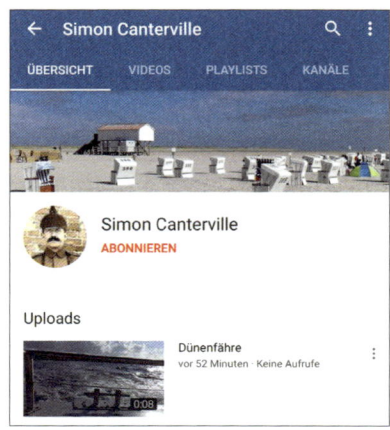

Links: Video hochladen, rechts: hochgeladene Videos im Kanal

Videos zuschneiden

Vor dem Hochladen können Sie mit dem Balken unter dem Video einen Zeitabschnitt wählen, und so am Anfang und am Ende die Sekunden weg-schneiden, in denen Sie noch nicht den endgültigen Bildausschnitt hatten oder jemand ins Bild gelaufen ist.

Filter für Videos

Ähnlich wie viele Foto-Apps bietet auch YouTube verschiedene Effektfilter, die über das Video gelegt werden können. Tippen Sie dazu oben rechts auf das *Effekte*-Symbol und wählen Sie einen Filter aus.

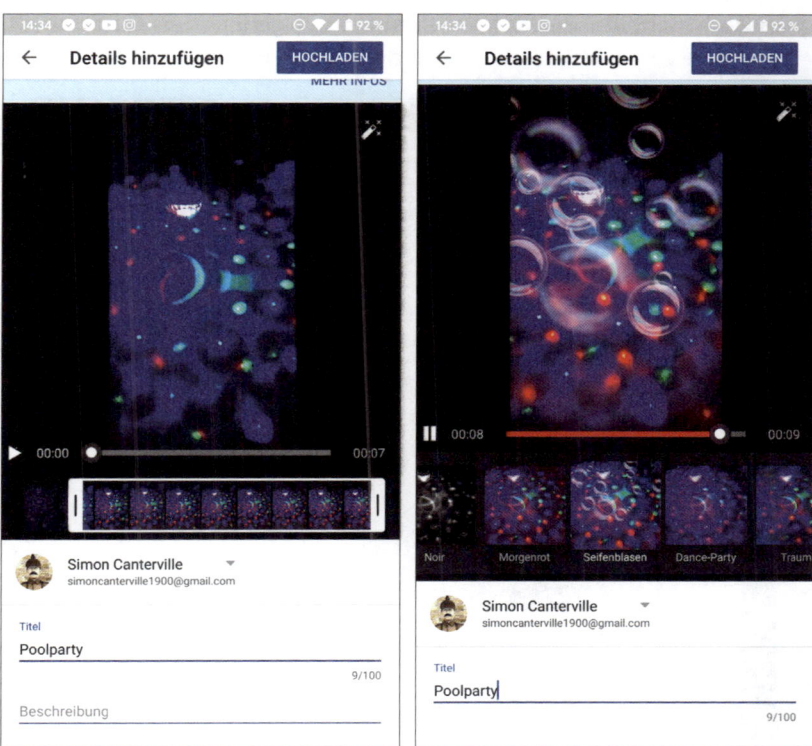

Links: Zeitabschnitt wählen, rechts: Filter für Videos

+++ SO GEHT ES AUF DEM PC +++

Auch vom PC können Sie Videos auf YouTube veröffentlichen. Professionelle YouTuber werden immer diesen Weg nehmen, da sie die Videos vorher am PC zusammenstellen und bearbeiten.

Klicken Sie in *YouTube Studio* oben rechts auf *Erstellen* und wählen Sie dann *Videos hochladen*.

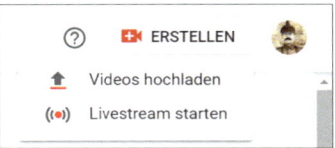

1. Wählen Sie dann die gewünschte Datei aus. Im nächsten Schritt geben Sie dem Video einen aussagekräftigen Namen. Übernehmen Sie nicht einfach den von der Kamera automatisch generierten Dateinamen. Schreiben Sie außerdem eine Videobeschreibung.

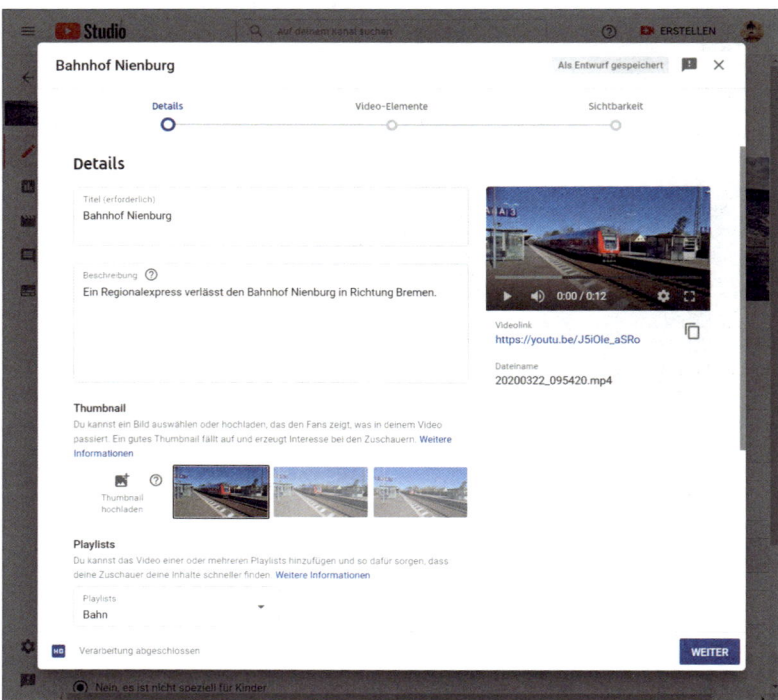

2. Wählen Sie ein Bild aus dem Video als Thumbnail aus. Dieses wird in Listen als Titelbild des Videos angezeigt. Professionelle YouTuber laden hier auch eigens angefertigte Thumbnails hoch, die den Inhalt des Videos kurz und prägnant ankündigen und mit den anderen Thumbnails des Kanals ein einheitliches Bild abgeben.

3. Sie können das Video an dieser Stelle auch einer Ihrer Playlists hinzufügen oder auch eine neue Playlist anlegen.

4. Sollte das Video bezahlte Werbung enthalten, müssen Sie dies weiter unten noch angeben.

5. Zusätzlich zu Hashtags in der Videobeschreibung können Sie hier noch Tags angeben, die nicht in der Beschreibung sichtbar sind, aber auch für die Suche berücksichtigt werden.

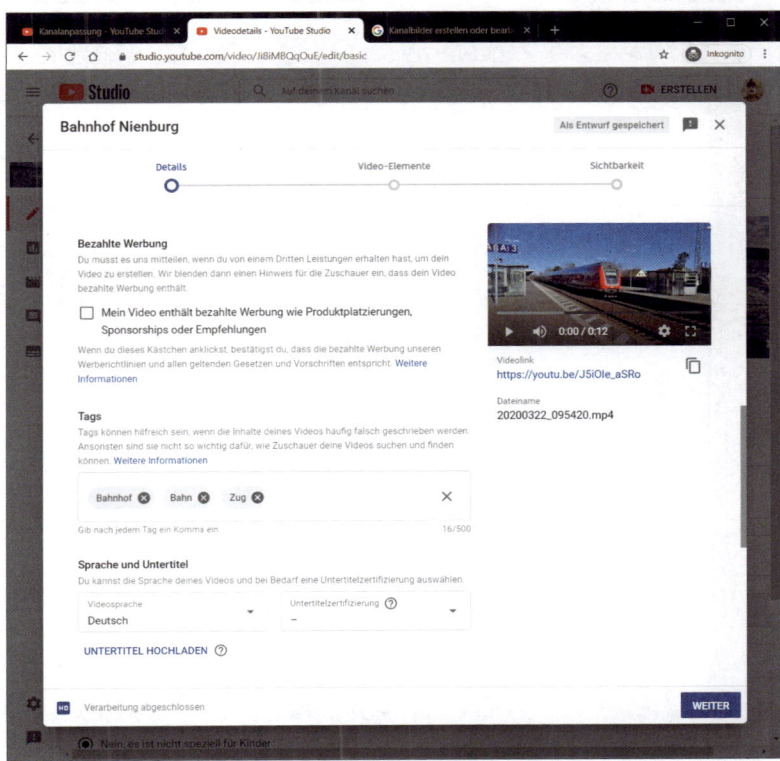

6. Wenn das Video gesprochenen Text enthält, ist es wichtig, dass Sie die richtige Sprache auswählen. Diese wird bei der Suche berücksichtigt und dient auch dazu, bei beliebten Videos, wenn YouTube automatisch Untertitel erstellt, den Text des Videos richtig zu erfassen. Sie können auch selbst eine Datei mit Untertiteln hochladen.

7. Wählen Sie weiter unten noch das Aufnahmedatum und den Aufnahmeort. Diese Angaben sind wichtig, wenn Besucher ihre Suchergebnisse danach filtern.

8. Die beiden Schalter *Einbetten zulassen* und *Im Abofeed veröffentlichen und Abonnenten benachrichtigen* sollten in den meisten Fällen eingeschaltet bleiben, da sie zur Popularität des Videos beitragen.

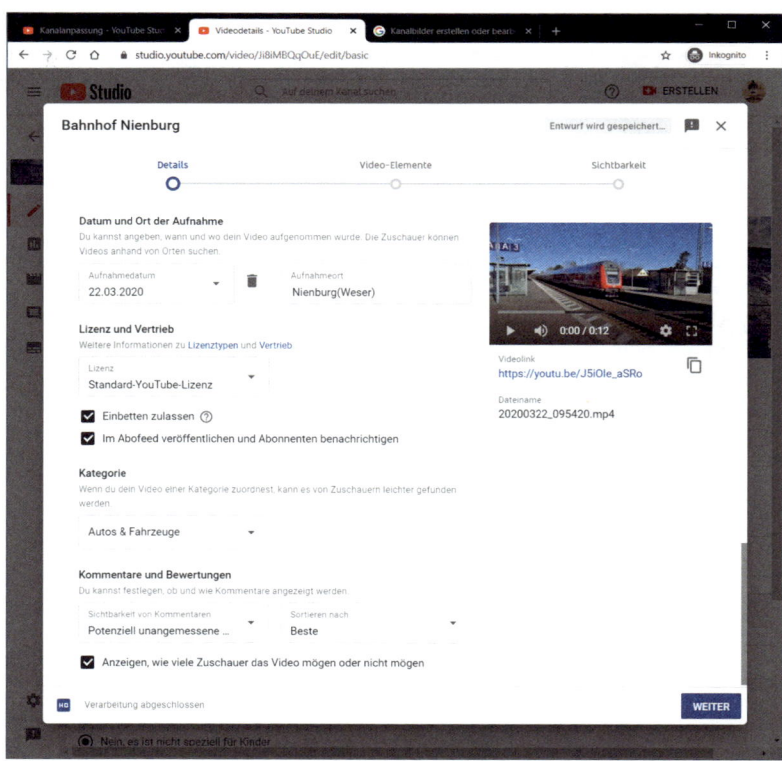

9. Wählen Sie auch noch eine Kategorie aus, um das Video leichter auffindbar zu machen.

10. Ganz unten legen Sie fest, wie Kommentare und Likes angezeigt werden sollen. Auch hier sind in den allermeisten Fällen die Standardeinstellungen passend.

11. Klicken Sie auf *Weiter* und legen Sie auf dem letzten Bildschirm fest, ob das Video veröffentlicht werden soll. Dabei gibt es drei Möglichkeiten: **Private Videos** können Sie nur selbst sehen. **Nicht gelistete Videos** erscheinen in den Kanälen und Vorschlagslisten nicht und werden auch von der Suche nicht gefunden. Jeder Besucher, der den Videolink hat, kann das Video aber sehen. Das gilt auch für nicht angemeldete Benutzer. **Öffentliche Videos** sind für jeden über Kanäle oder die Suche zu finden.

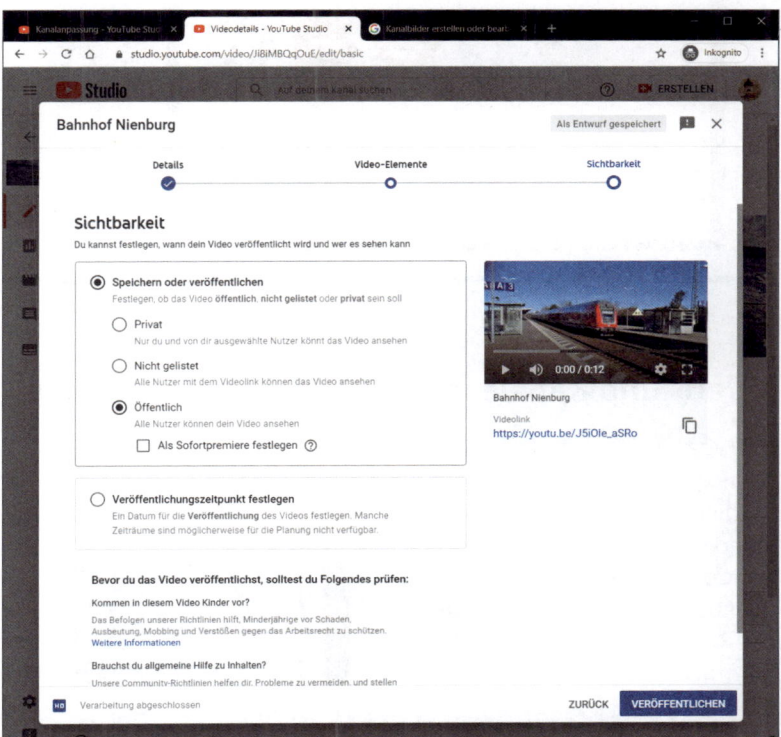

12. An dieser Stelle können Sie sich auch entscheiden, ein Video automatisch zu einem festgelegten späteren Zeitpunkt zu veröffentlichen.

13. Nach einem Klick auf *Veröffentlichen* wird der Videolink angezeigt und kann mit dem *Kopieren*-Symbol kopiert und weitergegeben werden. Hier finden Sie auch die *Teilen*-Symbole für soziale Netzwerke sowie zum Einbetten des Videos in eigene Webseiten.

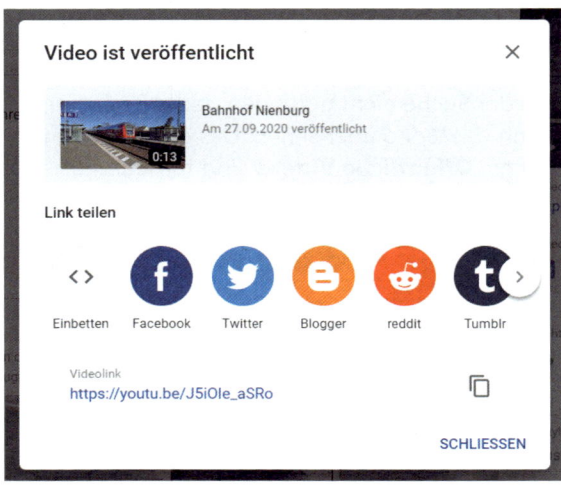

Videos und Kanäle mit YouTube Studio verwalten

YouTube Studio auf dem PC unter studio.youtube.com bietet noch wesentlich mehr Möglichkeiten, als nur Videos in den eigenen Kanal hochzuladen. *YouTube Studio* kann auch direkt über das Menü beim Klick auf das Profilbild aufgerufen werden.

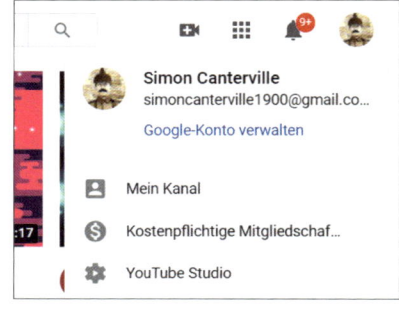

YouTube Studio im Menü

Das *Kanal-Dashboard* zeigt Statistiken und Kommentare zu den aktuellen Videos auf einen Blick.

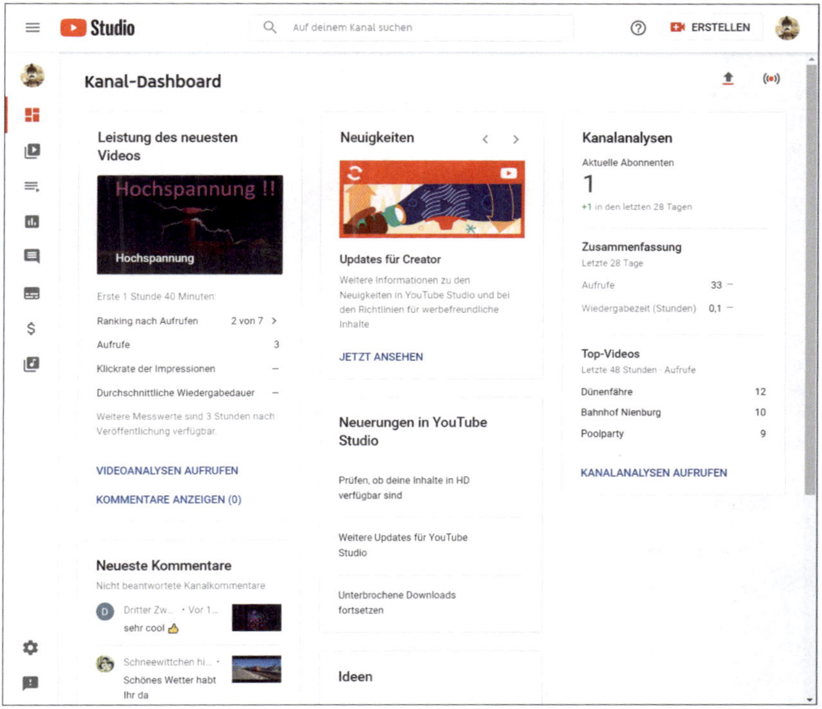

Das Kanal-Dashboard in YouTube Studio

Am linken Fensterrand finden Sie Symbole, die weitere Seiten von *YouTube Studio* zeigen. Auf der Seite *Videos* finden Sie alle Ihre Videos. Bei jedem Video können Sie die Sichtbarkeit ändern und sehen die Anzahl der Aufrufe, Likes und Dislikes.

Wenn Sie mit der Maus auf das Thumbnail eines Videos fahren, erscheint eine Symbolleiste, in der Sie Symbole für wichtige Funktionen finden.

Tippen Sie auf das Symbol *Kommentare*, werden die Kommentare angezeigt und Sie können bestimmte Kommentare direkt beantworten. Haben Sie sehr viele Kommentare zum Video, können Sie

71

über das Filtersymbol links über den Kommentaren in den Kommentaren suchen oder diese nach öffentlichen Abonnenten, Mitgliedsstatus oder Abonnentenzahl filtern.

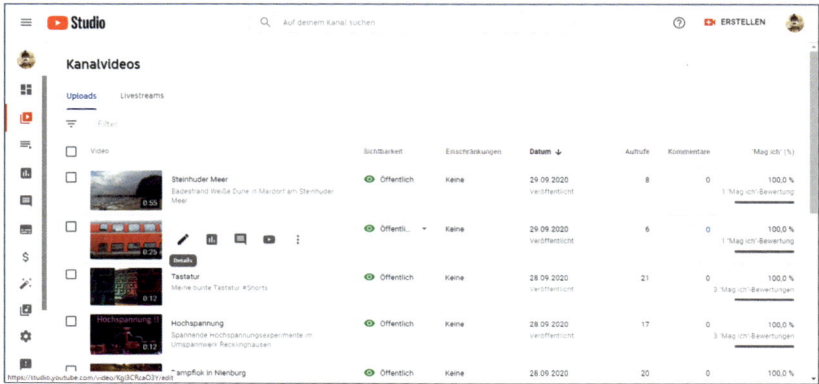

Übersicht aller Videos auf dem eigenen Kanal in YouTube Studio

Videokommentare in YouTube Studio

Das YouTube-Symbol spielt das Video auf YouTube ab. Hier sehen Sie dann auch Kommentare und vorgeschlagene Videos.

Das Menü mit den drei Punkten ganz rechts bietet noch weitere Funktionen. Hier können Sie ein Video als MP4-Datei herunterladen, was sonst nur mit externen Tools möglich ist, oder auch ein Video von YouTube löschen.

Auf der Seite *Videodetails* können Sie die Informationen jedes Videos wie Name, Beschreibung, Kategorie, Sprache und andere nachträglich bearbeiten. Auch die öffentliche Sichtbarkeit und die Playlists, in denen das Video enthalten ist, lassen sich nachträglich verändern.

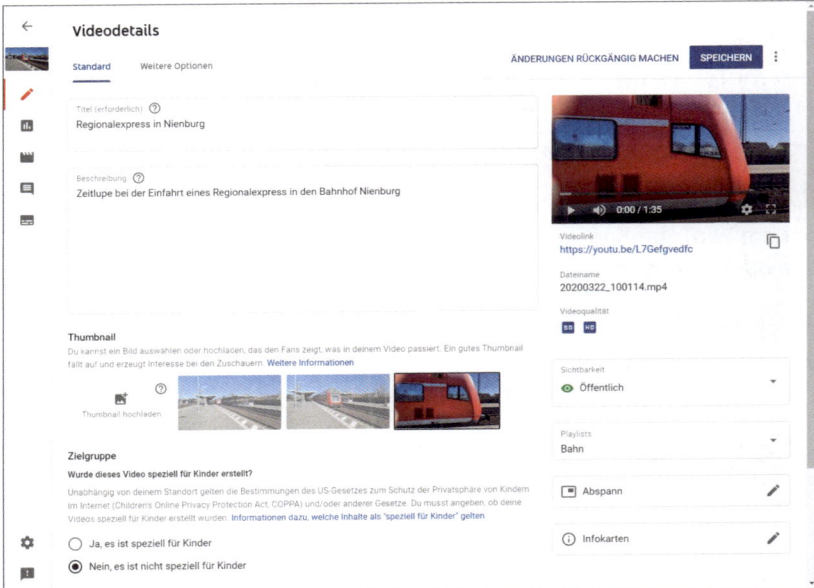

Videodetails nachträglich bearbeiten

Videos immer herunterladen

Da es immer mal passieren kann, dass YouTube, warum auch immer, ein Video löscht, sollten Sie von allen Videos Offlinekopien haben. Haben Sie von einem Video keine Kopie, weil Sie es zum Beispiel auf dem Smartphone mit Filtern erstellt haben, laden Sie es hier von YouTube auf den PC herunter.

Thumbnails für Videos

In den *Videodetails* können Sie zu jedem Video statt eines der vorgeschlagenen Einzelbilder aus dem Video ein selbst gestaltetes Thumbnail hochladen. Diese Thumbnails müssen eine Mindestbreite von 640 Pixeln haben,

YouTube empfiehlt 1.280 x 720 Pixel. Das Seitenverhältnis sollte 16:9 sein, da dieses Seitenverhältnis auf YouTube für die Vorschaubilder in den Listen verwendet wird. Die maximale Dateigröße eines Thumbnails ist 2 MB.

Auch die Thumbnails müssen wie die Videos den Community-Richtlinien von YouTube entsprechen.

Infokarten für Videos

Viele Videos zeigen oben rechts Links auf andere Videos, Playlists oder auch andere YouTube-Kanäle. Diese sogenannten Infokarten lassen sich in den *Videodetails* mit wenigen Klicks erstellen.

1. Klicken Sie unten rechts auf die Schaltfläche *Infokarten*.
2. Stellen Sie im Balken unten den Zeitpunkt im Video ein, an dem die Infokarte auftauchen soll.

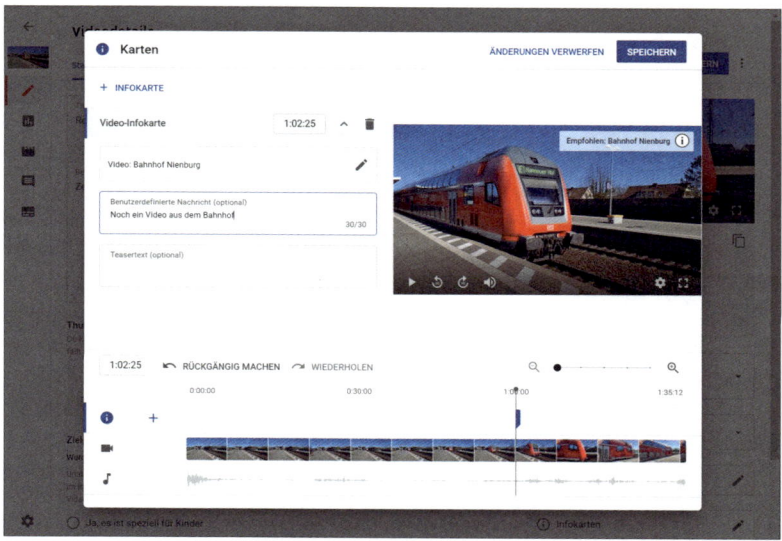

Infokarten in ein Video einbauen

3. Wählen Sie dann den Typ der Infokarte, ob diese auf ein Video, eine Playlist oder einen Kanal verlinken soll. Infokarten mit Links auf ex-

terne Webseiten sind nur in kommerziell genutzten Kanälen aus dem YouTube-Partnerprogramm möglich.

4. Wählen Sie das gewünschte Video oder eine Playlist aus Ihrem Kanal aus. Zum Verlinken anderer Kanäle wird ein Suchfeld eingeblendet. Zu jeder Infokarte können Sie einen kurzen Text schreiben. Dieser erscheint, wenn der Benutzer auf die Infokarte klickt. Erst ein weiterer Klick spielt dann das verlinkte Video ab.

5. Auf die gleiche Weise können Sie noch mehrere Infokarten in ein Video einbauen.

Abspann für Videos

Viele Videos auf YouTube zeigen am Ende einen Abspann, der auf weitere Videos, Playlists oder Kanäle verlinkt. Auch so etwas brauchen Sie nicht selbst zu bauen. *YouTube Studio* bietet hierfür einen komfortablen Editor an.

Voraussetzung dafür, dass ein Abspann eingebaut werden kann, ist eine Mindestlänge des Videos von 25 Sekunden.

1. Klicken Sie unten rechts auf die Schaltfläche *Abspann*.

2. Legen Sie im Balken unten den Zeitpunkt im Video fest, an dem der Abspann beginnen soll. In der Grundeinstellung beginnt er 20 Sekunden vor dem Ende des Videos. Die Elemente des Abspanns werden transparent über das Video geblendet. Das Video wird durch den Abspann also nicht länger.

3. In den Abspann können Videos, ein Abo-Symbol für den Kanal oder auch Playlists eingebaut werden. *YouTube Studio* bietet ein paar typische Layouts für diese Elemente an. Sie können aber auch mit der Schaltfläche *Element* oben links selbst Elemente hinzufügen.

4. Nachdem Sie ein Layout ausgewählt haben, erscheinen Platzhalter für die Elemente. Diese können Sie jetzt noch frei auf dem Bildschirm verschieben, was allerdings in den meisten Fällen nicht empfehlenswert ist, da sich die Nutzer an die typischen Abspann-Layouts von YouTube gewöhnen und bei einer anderen Anordnung nur verwirrt sind. Wenn, dann sollten Sie für alle Videos in Ihrem Kanal das gleiche Abspann-Layout verwenden.

5. Mit den Zeitbalken unten können Sie die einzelnen Elemente des Abspanns über unterschiedliche Zeiträume anzeigen lassen.

6. Bei Videos im Abspann haben Sie die Wahl, ob das zuletzt hochgeladene Video Ihres Kanals angezeigt werden soll, ob YouTube automatisch ein Video aus Ihrem Kanal auswählt, dass am besten zu den Interessen des Benutzers passt, oder Sie wählen selbst ein Video, das hier verlinkt werden soll. Das kann dann ein beliebiges Video von YouTube – auch aus einem anderen Kanal – sein.

7. Möchten Sie in allen Videos Ihres Kanals gleiche oder im Layout sehr ähnliche Abspanne verwenden, importieren Sie oben in der Mitte den Abspann eines Ihrer anderen Videos und bearbeiten diesen dann nach.

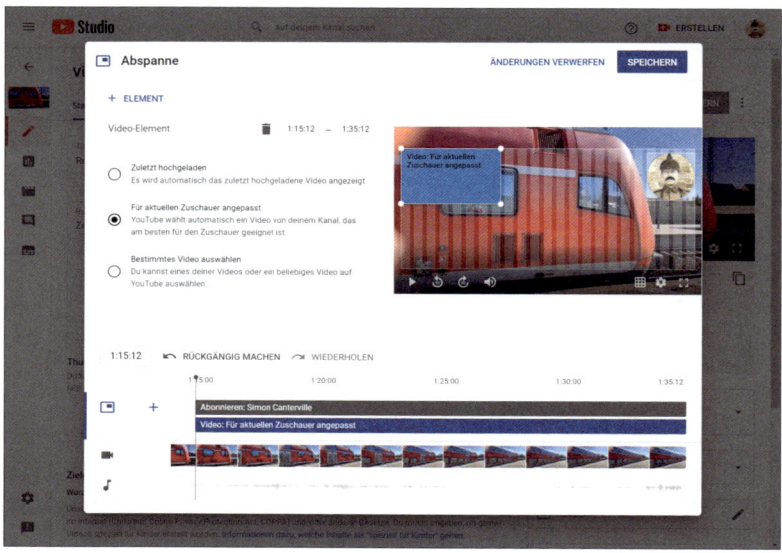

Elemente des Abspanns anpassen

Mehrere Videos auf einmal bearbeiten

Allgemeine Aufgaben, die für mehrere Videos gelten, wie die Sichtbarkeit, die Kategorien oder Zielgruppen, müssen nicht für jedes Video einzeln eingestellt werden. Markieren Sie auf der Seite *Kanalvideos* mit den Kontrollkästchen ganz links die gewünschten Videos und wählen Sie dann in der Liste *Bearbeiten* die geplante Aktion. Hier können Sie auch für viele Videos auf einmal zusätzliche Tags setzen oder alle vorhandenen Tags ersetzen. Weiterhin lassen sich neue Textblöcke automatisch an Anfang oder Ende aller Videobeschreibungen oder Videonamen setzen.

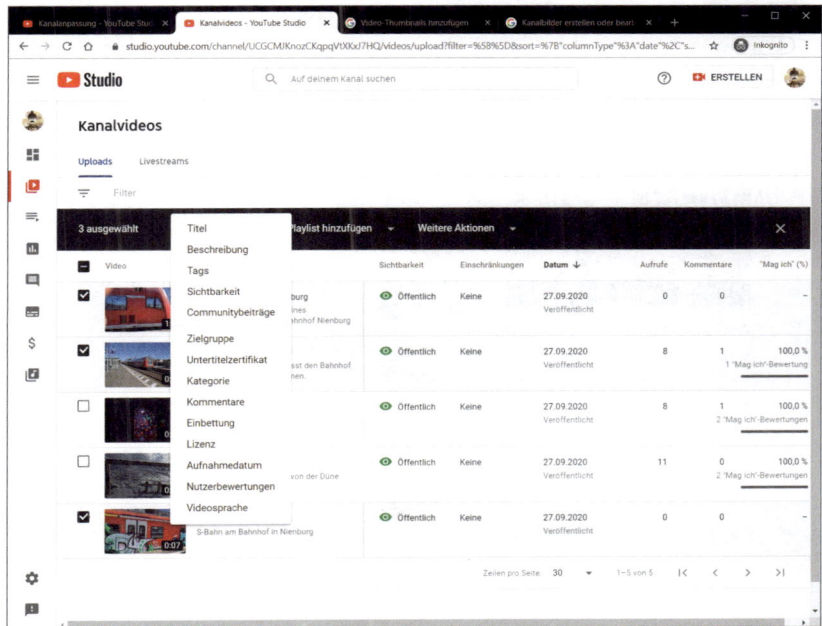

Stapelbearbeitung für Videos

Playlists verwalten

Playlists, ob sie öffentlich sichtbar sind oder nicht, können direkt in You-Tube verwaltet werden. Aber auch im *YouTube Studio* können Sie Videos zu Playlists hinzufügen oder entfernen sowie einige weitere Anpassungen vornehmen.

Auf der Seite zum Bearbeiten vieler Videos auf einmal können Sie über *Zu Playlist hinzufügen* alle markierten Videos zu einer oder mehreren Ihrer Playlists hinzufügen.

Das Symbol *Playlists* im Seitenbalken links zeigt eine Seite mit allen Playlists. Wählen Sie hier eine Playlist, um sie zu bearbeiten. Auf der nächsten Seite haben Sie die Möglichkeit, Namen und Beschreibung der Playlist zu ändern sowie auch die Reihenfolge der Videos anzupassen oder einzelne Videos aus der Playlist zu entfernen.

Standardmäßig liefert das erste Video der Playlist das Playlist-Thumbnail. Sie können über das Menü rechts neben jedem Video aber auch ein anderes Video als Playlist-Thumbnail festlegen.

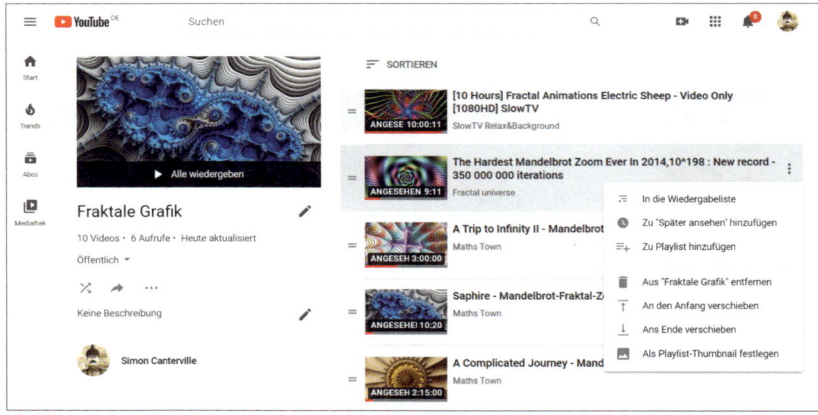

Playlist bearbeiten

Kanallayout anpassen

YouTube bietet im neuen *YouTube Studio* viele Möglichkeiten, das Layout des eigenen Kanals persönlich zu gestalten.

- Der **Kanaltrailer** ist ein Video, das Nutzern, die den Kanal noch nicht abonniert haben, ganz oben im Kanal angezeigt wird. Verwenden Sie hier ein Video, das allgemeine Informationen über den Kanal und das behandelte Thema liefert. Dies kann sich durchaus mit der Kanalbeschreibung überschneiden, da viele YouTube-Nutzer lieber ein Video ansehen, auch wenn es deutlich länger dauert, als die Kanalbeschreibung zu lesen.

■ Wiederkehrenden Abonnenten wird oben im Kanal ein **hervorgehobenes Video** gezeigt. Zeigen Sie hier immer mal wieder ein aktuelles
oder besonders wichtiges Video. Besucher Ihres Kanals, die dieses Video
bereits gesehen haben, bekommen es nicht mehr an der hervorgehobenen Position angezeigt.

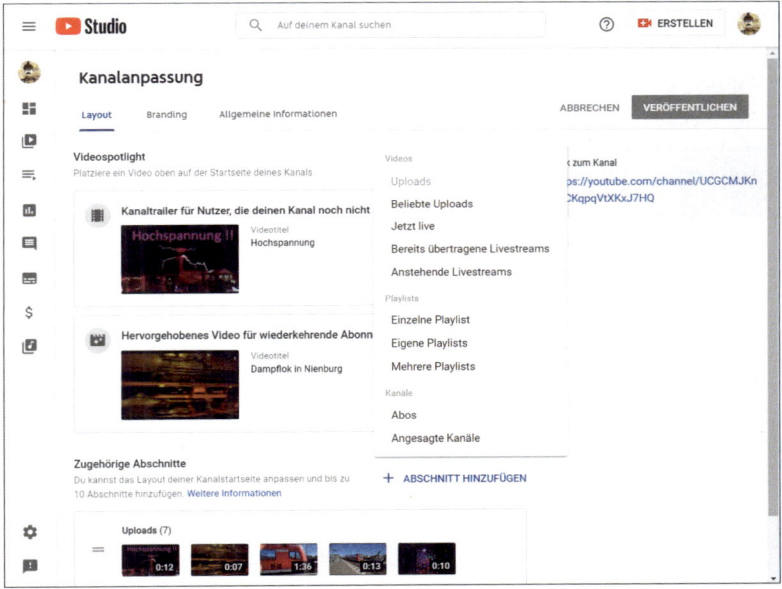

Kanaltrailer und hervorgehobenes Video auswählen

Jeder Kanal zeigt auf der Startseite die letzten hochgeladenen Videos. Klicken Sie auf *Abschnitt hinzufügen*, um weitere Abschnitte mit anderen Themen auf der Startseite des Kanals anzuzeigen. Hier können Sie besonders
beliebte Videos wie auch eigene Abos und Playlists veröffentlichen.

Dies funktioniert natürlich nur, wenn Abos und Playlists in den *Einstellungen* unter *Datenschutz* nicht als privat markiert sind. Diese *Einstellungen*
sind nur auf dem PC im Browser, nicht in der YouTube-App zu finden.

Nach einem Klick auf *Veröffentlichen* werden die Anpassungen veröffentlicht und sind für alle Besucher des Kanals zu sehen.

Audio-Mediathek

Wer in seine Videos Hintergrundmusik einbaut, kann dabei schnell urheberrechtliche Probleme bekommen. Es kann sogar passieren, dass die GEMA oder ein anderer Rechteverwerter das Video bei YouTube sperren lässt. Um solche Probleme zu vermeiden, liefert YouTube eine *Audio-Mediathek* mit Hunderten von Musikstücken, die als MP3 heruntergeladen und für eigene YouTube-Videos verwendet werden können. Diese kostenfreie Lizenz erstreckt sich nur auf Videos, die auf YouTube veröffentlicht werden. Eine anderweitige Nutzung der Musik ist nicht gestattet. In der Mediathek können Titel gesucht werden oder die Liste wird nach Stimmung, Genre oder Interpreten gefiltert.

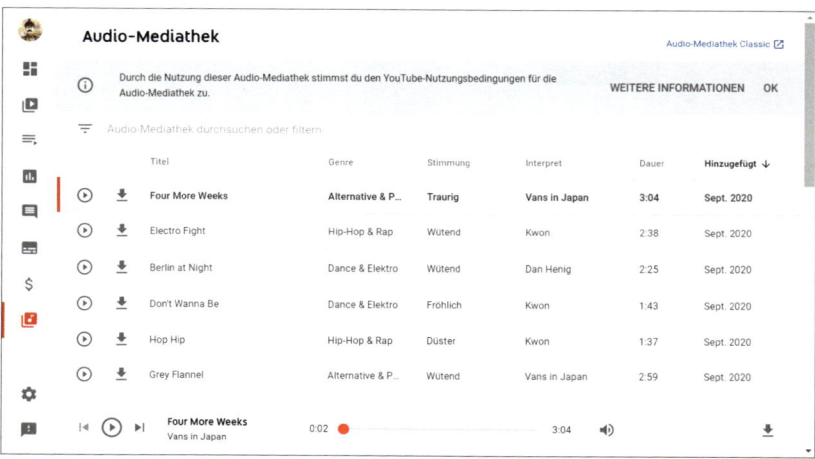

Die Audio-Mediathek von YouTube

Kanäle mit mehreren Personen verwalten

Große YouTube-Kanäle werden von mehreren Personen verwaltet, da einer allein die ganze Arbeit nicht mehr schaffen kann. Um die Zugangsdaten des Google-Kontos nicht anderen zur Verfügung stellen zu müssen, können Sie weitere Personen als Administrator oder Mitarbeiter einladen.

1. Klicken Sie in *YouTube Studio* unten links auf das Einstellungen-Symbol und wählen Sie *Berechtigungen*.

2. Klicken Sie auf *Einladen*, um eine weitere Person einzuladen, an Ihrem Kanal mitzuarbeiten. Tragen Sie die E-Mail-Adresse ein und wählen Sie die Rolle und damit die Berechtigungen, die diese Person für den Kanal hat.

3. Erst nachdem die eingeladene Person die Einladung durch einen Klick in der E-Mail bestätigt hat, bekommt sie Zugriffsrechte auf den Kanal.

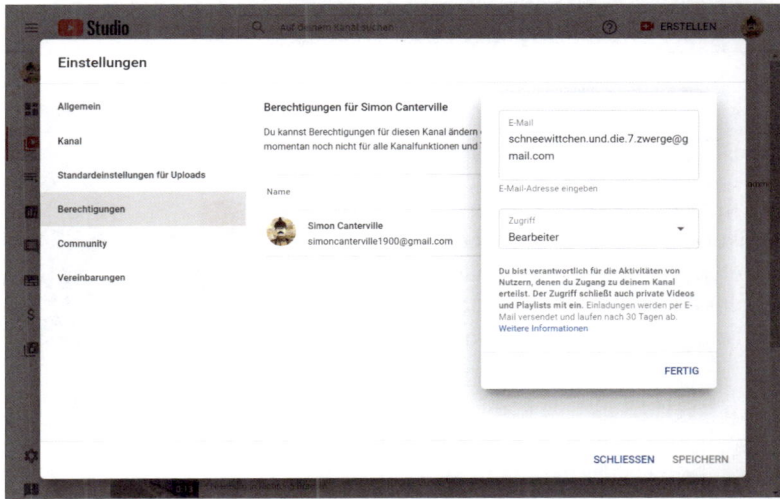

Neuen Bearbeiter für den Kanal einladen

Berechtigungen für Kanalbearbeiter

YouTube verwendet fünf verschiedene sogenannte Rollen, also Berechtigungsstufen zur Mitarbeit an einem Kanal:

■ **Administrator:** Kann Personen hinzufügen oder entfernen und die Kanalinformationen bearbeiten sowie Videos hochladen, bearbeiten, veröffentlichen und löschen, aber den Kanal nicht löschen.

■ **Bearbeiter:** Kann Videos hochladen und bearbeiten und Videoentwürfe löschen, aber keine Nutzer hinzufügen oder entfernen, veröffentlichte Videos oder den Kanal entfernen oder Verträge abschließen.

- **Bearbeiter (eingeschränkt):** Kann Videos hochladen und bearbeiten und Videoentwürfe löschen, aber keine anderen Nutzer hinzufügen oder entfernen, Videos und den Kanal nicht löschen, keine Verträge abschließen und keine Umsatzdaten sehen.
- **Betrachter:** Kann Kanalinformationen sehen, aber nicht bearbeiten.
- **Betrachter (eingeschränkt):** Kann abgesehen von Umsatzdaten alle Kanalinformationen sehen, aber nicht bearbeiten.

YouTube Studio-App

YouTube Studio gibt es auch als App. Die Funktionen sind gegenüber der PC-Version etwas eingeschränkt. Man kann aber unterwegs gut seinen Kanal verwalten und auch Kommentare beantworten.

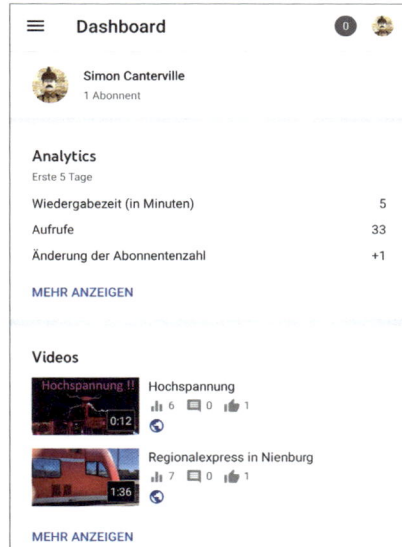
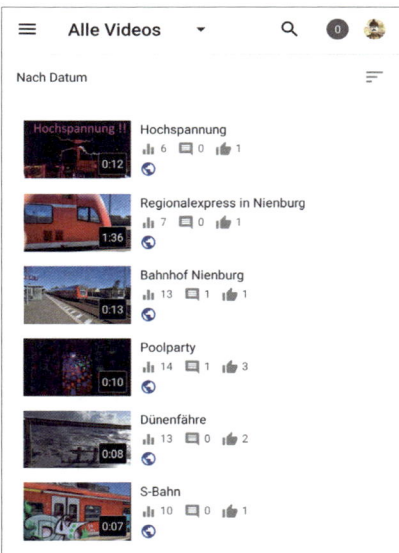

Die App YouTube Studio

Die App zeigt ein ähnliches Dashboard wie *YouTube Studio* auf dem PC. Auch hier sehen Sie bei jedem Video auf einen Blick die Zahl der Likes und Kommentare und wie oft es abgespielt wurde. Tippen Sie auf ein Video, können Sie die Metadaten des Videos wie Titel, Beschreibung, Playlists, Tags, Kategorien bearbeiten. Sie können das Video auch auf *Privat* setzen oder gar ganz von YouTube löschen.

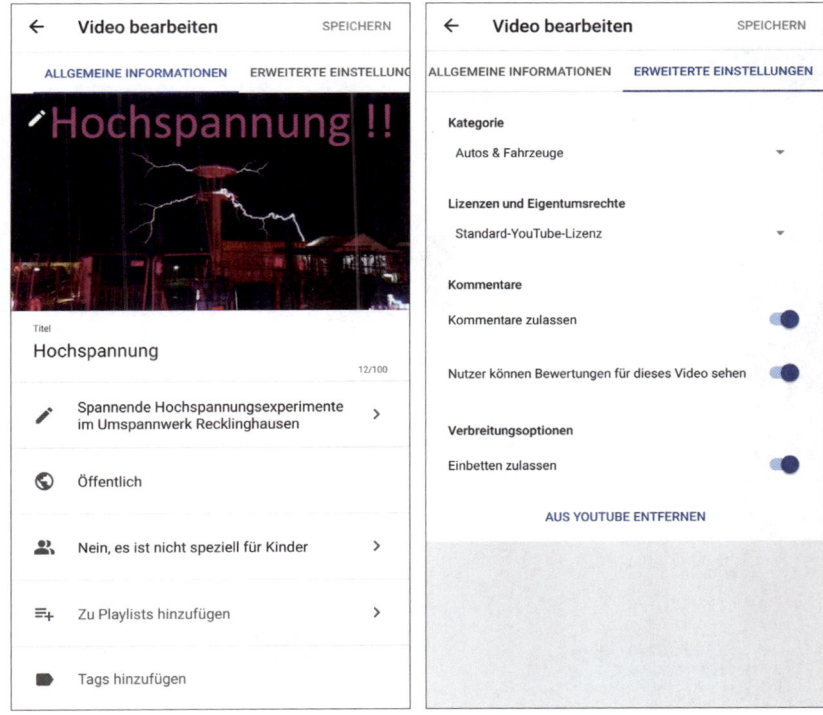

Metadaten eines Videos in der App YouTube Studio bearbeiten

YouTube-Kurzvideos

Nach dem großen Erfolg kurzer Smartphone-Videos im Hochformat, wie sie unter anderem bei TikTok oder in den Storys von WhatsApp, Instagram oder Facebook verwendet werden, führt auch YouTube solche Kurzvideos ein.

YouTube Shorts

YouTube Shorts sind kurze Videos im Hochformat, die maximal 60 Sekunden lang sein dürfen. Diese Videos werden wie jedes andere Video auf dem Kanal angezeigt, aber auch im Bereich *Stories und kurze Videos* auf der Startseite der YouTube-App. Auf dem PC ist dieser spezielle Bereich nicht vorhanden.

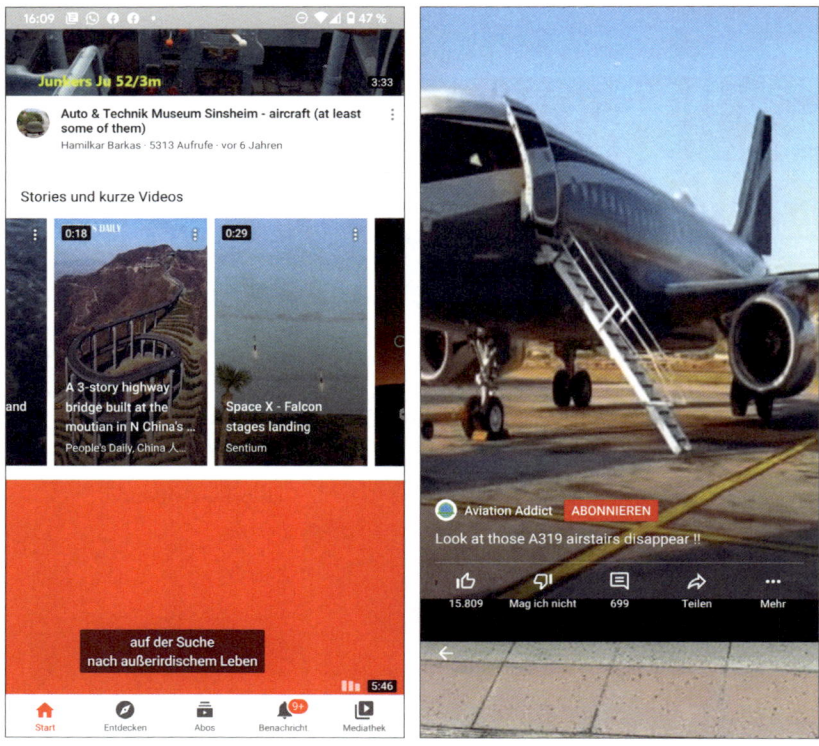

Kurzvideos in der YouTube-App

Damit ein Video in diesem Bereich auftaucht, muss in der Videobeschreibung der Hashtag *#Shorts* eingetragen sein. YouTube Shorts können automatisch hintereinander abgespielt werden. Hier hat YouTube den von TikTok bekannten Mechanismus übernommen. Vertikale Wischbewegungen auf dem Smartphone blättern zwischen den Kurzvideos vor und zurück.

Sie können jedes Video unten liken oder disliken. In einem Video vor- und zurückspulen ist in dieser Darstellung nicht möglich.

Die Reihenfolge und Auswahl der angezeigten Videos lässt sich nicht aktiv beeinflussen. YouTube verwendet einen eigenen Algorithmus, der anhand der Likes und Dislikes entscheidet, welche Kurzvideos in welcher Folge abgespielt werden.

YouTube-Shorts-Kamera – Betaphase

YouTube testet zurzeit eine eigene Kamerafunktion innerhalb der YouTube-App, mit der Kurzvideos bis zu 15 Sekunden aufgenommen und bearbeitet werden können. Hier werden diverse Elemente der Instagram-Story-Kamera übernommen. Videos können aus mehreren kurzen Clips zusammengesetzt werden. Ein Timer ermöglicht es, ein Video nach einer kurzen Vorlaufzeit automatisch aufzunehmen, was besonders für Selfies praktisch ist. Statt des Originaltons kann auch eine Musik aus der YouTube-Audio-Mediathek im Video verwendet werden.

Beim Start wurde die YouTube-Shorts-Kamera nur in Indien angeboten und wird nach und nach für andere Regionen freigeschaltet.

Story mit dem Smartphone aufnehmen

YouTube bietet Kanälen mit mehr als 10.000 Abonnenten die Möglichkeit an, Storys zu veröffentlichen, kurze Videos mit eingebauten Stickern und Effekten, ähnlich wie bei WhatsApp oder Instagram. Ähnlich wie dort verschwinden auch YouTube-Storys nach 24 Stunden wieder. Die Storys sind direkt auf der Startseite des jeweiligen Kanals zu sehen.

Was braucht man an Hardware?

Theoretisch kann jedes Smartphone Videos aufnehmen. Wer aber nicht möchte, dass Besucher des eigenen Kanals bereits nach wenigen Minuten vor Schreck wieder abspringen, sollte nicht nur auf inhaltliche, sondern auch auf technische Qualität bei den Videos achten. Sie brauchen nicht unbedingt eine professionelle Videokamera, die meisten besseren Digital-kameras können Videos aufzeichnen. Mit etwas Zusatzausstattung kann auch ein Smartphone Videos in brauchbarer Qualität aufzeichnen.

Webcam

Fast jedes Notebook enthält eine eingebaute Webcam, die sich außer für Videotelefonie auch für YouTube-Videos eignet, bei denen man wie ein Nachrichtensprecher im Fernsehen selbst Kommentare oder Erklärungen in die Kamera spricht.

Für PCs gibt es Webcams mit USB-Anschluss, die eine deutlich bessere Qualität liefern. Diese Webcams werden auf einem Stativ montiert, mit einer Klemme am oberen Monitorrand befestigt oder mit einer Schraub-zwinge am Tisch oder einem anderen stabilen Gegenstand.

Die Kameras enthalten in den meis-ten Fällen auch Mikrofone, sodass Sie nicht unbedingt ein extra Mikrofon benötigen. Allerdings liefern speziel-le Mikrofone zur Sprachaufzeichnung deutlich bessere Sprachqualität und reduzieren Hintergrundgeräusche.

Unterwegs sind Ansteckmikrofone an der Kleidung nützlich, die durch ihre spezielle Audiocharakteristik die ei-gene Sprache klarer aufzeichnen als Hintergrundgeräusche.

USB-Webcam für den PC
(Foto: www.pearl.de)

USB-Webcams benötigen unter Windows 10 keine spezielle Software mehr. Der notwendige Gerätetreiber wird beim ersten Anschließen automatisch installiert. Die Kamera taucht in den *Einstellungen* unter *Geräte/Bluetooth-und andere Geräte* im Bereich *Audio*, aber mit einem eigenen Symbol auf.

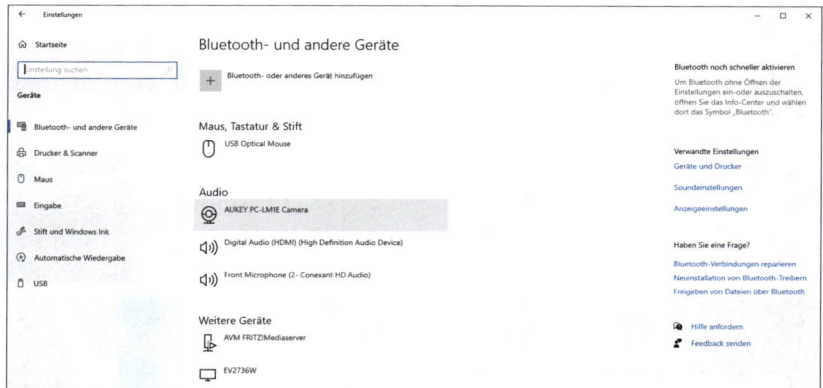

Die Kamera in den Einstellungen von Windows 10

Zusätzlich zum Treiber müssen in Windows die Apps, die die Kamera nutzen dürfen, dafür freigegeben werden. Auf diese Weise wird verhindert, dass ein bösartiges oder eigentlich zu anderen Zwecken genutztes Programm dafür verwendet werden kann, heimlich mit der Kamera zu spionieren.

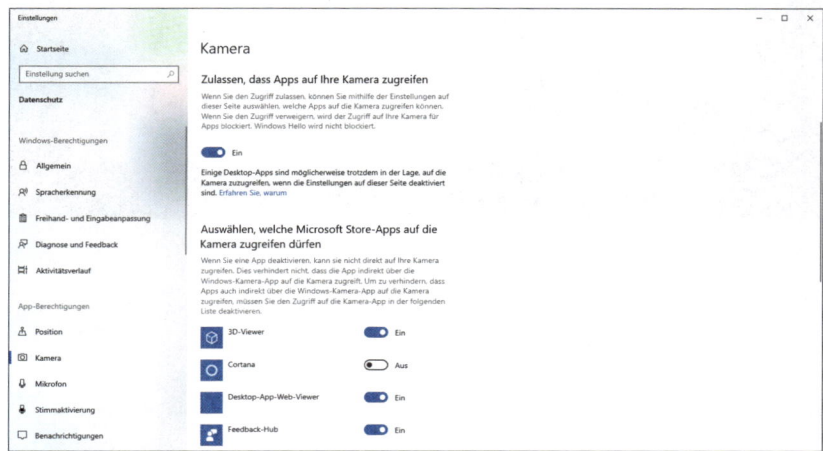

Zugriffsberechtigungen für die Kamera gewähren oder blockieren

In den Windows-Einstellungen unter *Datenschutz/Kamera* können Sie die Kamera für alle Apps blockieren. Wenn der Kamerazugriff zugelassen ist, können Sie immer noch entscheiden, welche Microsoft-Store-Apps die Kamera nutzen dürfen und welche nicht. Bei klassischen Programmen können Sie den Zugriff auf die Kamera nur global zulassen oder sperren. Berechtigungen für einzelne Programme sind hier nicht möglich.

Achten Sie darauf, dass in den *Einstellungen* die Windows-Store-App *Kamera* freigegeben ist. Mit dieser App können Sie bequem die Webcam testen.

Die vorinstallierte Webcam-App-Kamera

Mit der Kamera-App können Sie auch einfache Videos aufzeichnen. Funktionen zur Videobearbeitung gibt es aber nicht.

Beleuchtung

Die beste Kamera bringt nichts, wenn die Beleuchtung schlecht ist. Besonders, wenn Sie in Innenräumen filmen, um zum Beispiel Erklärvideos für irgendwelche technischen Gegenstände zu machen, oder wenn Sie sich selbst filmen, während Sie zum Publikum sprechen, ist eine blendfreie

Beleuchtung wichtig, die keine Reflexionen an metallischen oder glatten Kunststoffoberflächen produziert und auch keine Schlagschatten wirft.

Sogenannte Softboxen leuchten die Szene gleichmäßig aus. Dabei handelt es sich um LED-Scheinwerfer, die durch ein weißes Tuch hindurch strahlen und so ein weiches Licht abgeben – ohne Schlagschatten und Reflexionen. Verwenden Sie diese Softboxen am besten paarweise und leuchten Sie die Szene oder die gefilmte Person von beiden Seiten aus, um asymmetrische Helligkeitsverläufe zu vermeiden.

Softbox für gleichmäßige Beleuchtung (Foto: www.pearl.de)

Greenscreen

Möchten Sie in einem Video wie ein professioneller Nachrichtensprecher eine Übersichtskarte, Statistiken oder einen Studiohintergrund zeigen oder von einem anderen Ort der Welt mit einem eingespielten Videohintergrund berichten, ohne jemals vor Ort gewesen zu sein, verwenden Sie einen Greenscreen.

Dabei handelt es sich um einen gleichmäßig grün gefärbten Stoff, der möglichst faltenfrei im Hintergrund aufgespannt und mitgefilmt wird. In der Videoschnittsoftware kann der Farbton, der sonst in der Szene – besonders auf Ihrer Kleidung – nicht vorkommen darf, transparent dargestellt werden, damit Sie ein Bild oder auch ein Video als Hintergrund dahinterlegen können.

Video mit Greenscreen-Effekt

Stativ

Ganz wichtig: Filmen Sie nie aus der freien Hand. Die leichten Wackelbewegungen, die man selbst beim Filmen kaum wahrnimmt, lösen bei vielen Betrachtern Schwindelgefühle oder Kopfschmerzen aus. Montieren Sie Ihre Kamera immer auf einem Stativ. Generell ist gegen Smartphones als Kameras nichts zu sagen, solange diese mit einer entsprechenden Halterung auf einem Stativ montiert sind. Für Reportagen unterwegs reicht oft schon ein Einbeinstativ, um die Kamera ruhig zu halten.

Gimbal

Wer von unterwegs mit dem Smartphone berichten möchte, sollte das Smartphone auf einem Gimbal montieren. Diese Stabilisatoren fangen ruckartige Bewegungen ab. Damit ist eine Smartphone-Aufnahme aus der Hand für andere Benutzer viel entspannter anzusehen.

Bedienelemente im Handgriff ermöglichen Start und Stopp des Videos, Wechsel zwischen Hauptkamera und Frontkamera wie auch Zoom. Einige Gimbals nutzen die eingebauten Motoren nicht nur zum Ausgleich ungewollter Bewegungen, sondern ermöglichen auch gezielte gleichmäßige Schwenks, ebenso wie die Verfolgung von Gesichtern oder bewegten Objekten. Viele Gimbals enthalten im Handgriff eine Powerbank, um das Smartphone unterwegs auch aufzuladen.

Gimbal, Drei-Achsen-Hand-Stabilisator für Smartphones (Foto: www.pearl.de)

Livestreams

Mit einem YouTube-Livestream gehen Sie live »auf Sendung«. Diese Videos werden nicht vorproduziert, sondern in Echtzeit gestreamt. Während des Livestreams können Sie mit den Zuschauern chatten. Der Chat ist für alle Betrachter des Livestreams öffentlich zu sehen.

Voraussetzungen für Livestreams

Vor dem ersten Livestream muss der Kanal dafür freigeschaltet werden. Für Livestreams vom PC werden neue Kanäle meist nach spätestens 24 Stunden freigeschaltet. Vom Smartphone kann man erst einen Livestream senden, wenn der Kanal mindestens 1.000 Abonnenten hat.

1. Klicken Sie in *YouTube Studio* oben rechts auf das Livestream-Symbol.

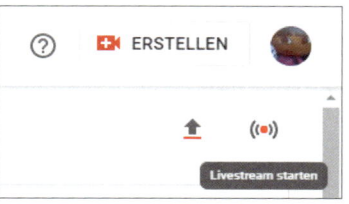

2. Jetzt startet der neue *YouTube Live Control Room.*

Hier nehmen Sie noch ein paar Einstellungen vor, um den Livestream sofort oder zu einem späteren Zeitpunkt zu starten.

3. YouTube kann entweder die am PC angeschlossene oder im Notebook integrierte Webcam nutzen oder eine externe Streaming-Software, mit der Sie auch zusätzliche Videos, Grafiken oder Screencasts in den Livestream einblenden können.

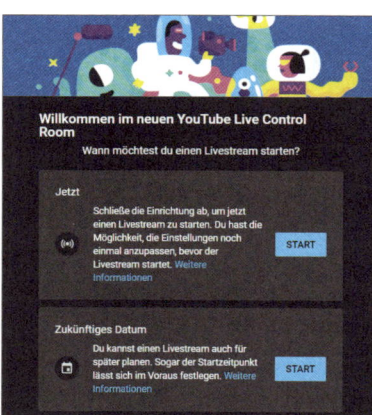

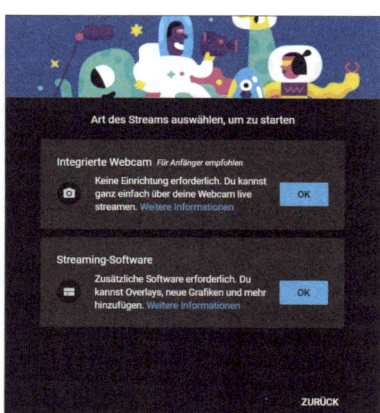

4. Beim ersten Livestream fordert der Browser unter Windows 10 noch Berechtigungen an, um die Kamera und das Mikrofon nutzen zu dürfen.

5. Im nächsten Schritt geben Sie Ihrem Livestream einen Titel. Dieser wird in Vorschlagslisten und auf Ihrem Kanal wie die Titel klassischer Videos angezeigt. Legen Sie auch eine eventuelle Altersbeschränkung sowie eine Kategorie fest. Sollte es sich um einen Livestream zum Thema Gaming handeln, tragen Sie noch den Spieltitel ein, um den Stream im Gaming-Kanal entsprechend zuzuordnen.

6. Falls Sie mehrere Kameras, Mikrofone oder andere Aufnahmegeräte angeschlossen haben, wählen Sie hier noch die gewünschten Geräte aus.

7. Jetzt sehen Sie das Bild Ihrer Webcam und können den Livestream starten. Begrüßen Sie Ihre Zuschauer auch unten rechts im Eingabefenster für den Chat. Der Chat wird dann rechts neben dem Kamerabild angezeigt. Während des Streams sehen Sie jederzeit die aktuelle Anzahl an Zuschauern.

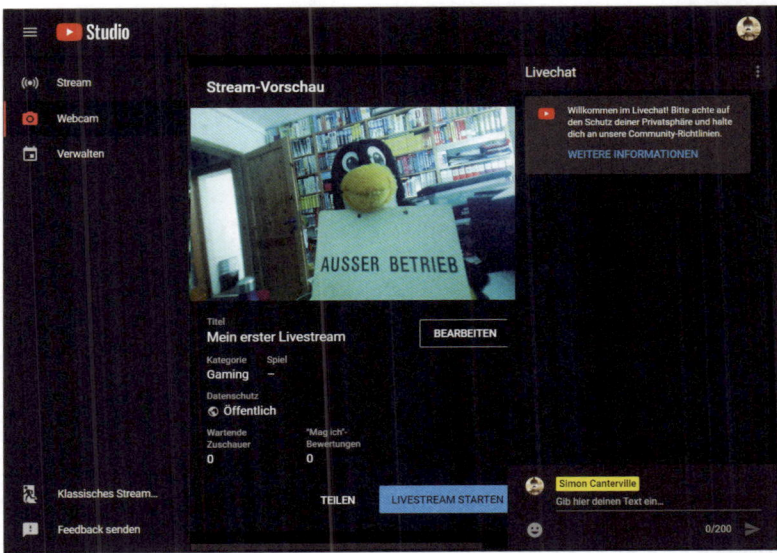

8. Nachdem Sie den Livestream beendet haben, können Sie am Anfang und Ende noch Zeitabschnitte abschneiden sowie die Metadaten des Videos ändern und ein Thumbnail hinzufügen. Danach wird der Livestream bei Ihren Videos angezeigt und kann auch später noch angese-

hen werden. Dabei wird den Betrachtern auch der Chat synchron mit dem Video angezeigt. Besucher können aber nicht mehr chatten, sondern nur wie bei jedem anderen Video Kommentare abgeben.

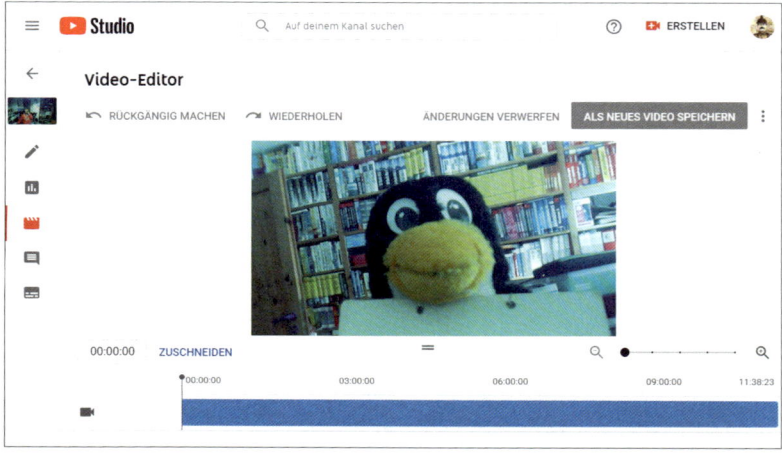

Livestream am Ende nachbearbeiten

Videos in eigene Webseiten einbetten

Wer eine eigene Webseite betreibt und dort ein Video zeigen möchte, kann dies einfach auf YouTube hochladen und in die eigene Seite einbetten. Da dies wesentlich einfacher funktioniert, als selbst Videoplayer auf dem eigenen Webserver einzurichten, hat diese Methode auch zum großen Erfolg von YouTube beigetragen. Umgekehrt kann man über die Videobeschreibungen Besucher von YouTube auf die eigene Webseite leiten.

1. Spielen Sie das Video auf dem PC im Browser ab und wählen Sie *Teilen*.

2. Klicken Sie im nächsten Fenster auf das Symbol *Einbetten*. Jetzt erscheint ein Einbettungscode, den Sie direkt in den Quellcode Ihrer Webseite übertragen.

3. Mit dem Schalter *Starten bei* können Sie die Startzeit des Videos bestimmen. Standardmäßig beginnt es bei 0:00 am Anfang.

Auf der Seite developers.google.com/youtube/youtube_player_demo liefert YouTube einen interaktiven Editor, mit dem Sie den Einbettungscode für Ihr Video noch genauer anpassen können. Tragen Sie hier die Video-ID und Startzeit ein. Anschließend können Sie Qualität, Lautstärke, Größe und Seitenverhältnis des Player-Fensters sowie weitere Parameter einstellen. Das Ergebnis sehen Sie direkt oben auf der Seite.

Nachdem Sie die wesentlichen Daten eingetragen haben, klicken Sie oben auf *Player-Parameter anzeigen*. Hier können Sie noch ein paar speziellere Parameter festlegen. Daneben sehen Sie den *Iframe-Einbettungscode* zum Kopieren in Ihre Webseite.

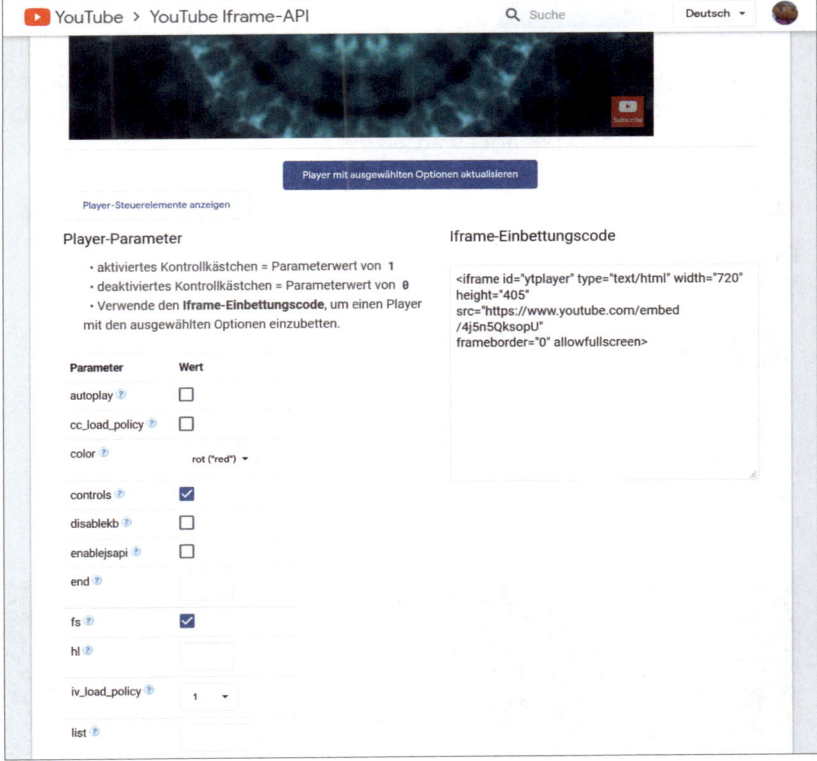

Einbettungscode für ein Video mit Parametern erstellen

YouTube Creator Academy

YouTube Creator Academy ist eine interaktive Lernplattform mit Tipps vom Start bei YouTube bis zum professionellen YouTuber, der mit seinen Videos gutes Geld verdient.

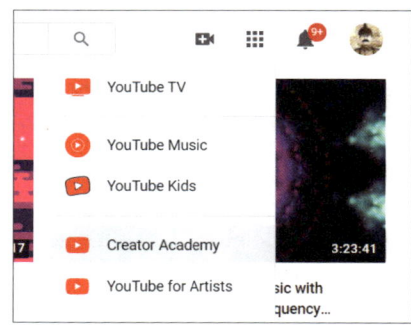

Die *YouTube Creator Academy* unter creatoracademy.youtube.com ist leicht über das App-Menü neben dem Profilbild erreichbar. Das Angebot der *YouTube Creator Academy* ist in Form von Kursen aufgebaut, die mit einem sogenannten Kursquiz beendet werden.

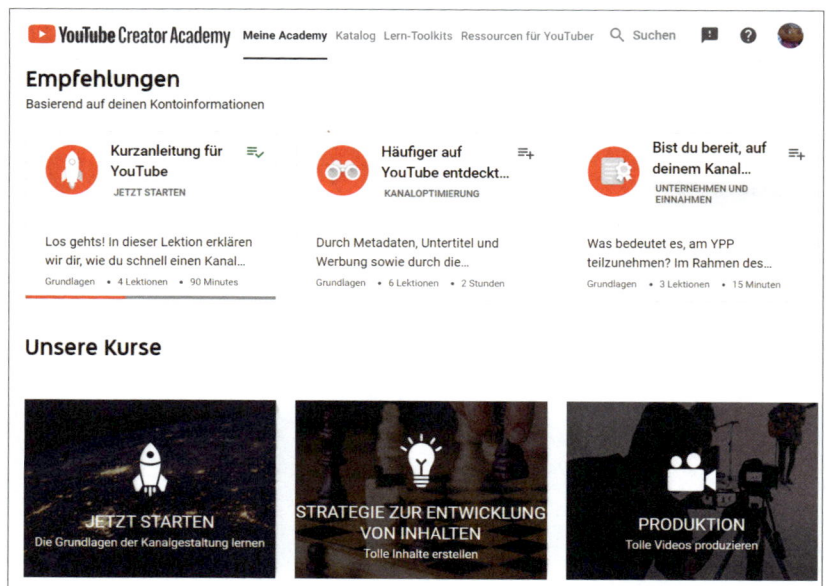

Die Startseite der YouTube Creator Academy

Bei jedem Kurs werden vorab die Anzahl der Lektionen und die voraussichtlich benötigte Dauer angezeigt. Alle Kurse enthalten neben englischsprachigen Videos mit deutschen Untertiteln auch informative Texte, die im persönlichen Lerntempo durchgearbeitet werden können.

So werde ich erfolgreicher YouTuber

Welcher YouTube-Kanal erfolgreich wird und welcher nicht, hängt von vielen Faktoren ab. Gleich vorweg: Eine Musterlösung gibt es nicht.

Ganz wichtig ist an erster Stelle der **Kanalname**. Dieser muss einprägsam sein und von jedem, auch von unbedarften Zuschauern, sofort in Verbindung mit dem Inhalt des Kanals, der eigenen Firma oder einem Produkt gebracht werden können. Natürlich muss der Kanal auch gut verlinkt sein, damit nicht nur Besucher von YouTube die Videos zufällig entdecken, sondern auch Besucher von anderen Social-Media-Plattformen den Weg zu YouTube finden. Umgekehrt sollte in den Videobeschreibungen wie auch in der Kanalbeschreibung die eigene Webseite verlinkt sein oder ein Blog sowie auch andere Social-Media-Profile, zum Beispiel Facebook oder Instagram. Das macht es auch zufälligen Besuchern leichter, weitere Informationen zur Firma zu bekommen oder auch frei nach Belieben Ihre Inhalte über soziale Netzwerke zu teilen.

Gute Inhalte

Ein wichtiges, wenn nicht gar das allerwichtigste Kriterium für einen erfolgreichen YouTube-Kanal sind die Inhalte. Gute Videos sind bei den Zuschauern beliebt, werden gelikt und geteilt. Tauchen auch nur ein paar schlechte Videos auf dem Kanal auf, werden gleich einige Besucher abspringen. Dazu gehört es natürlich auch, dass die Videos zum Thema passen. Ein Kanal mit bunt gemischten Inhalten wird nicht so viele Abonnenten finden wie ein Kanal, der sich möglichst informativ und professionell oder auch einfach unterhaltsam mit einem Thema auseinandersetzt. Schreiben Sie sinnvolle Videobeschreibungen, die die Zielgruppe ansprechen und sich auch auf den Inhalt des Videos beziehen – keine Standardtexte ohne Aussage. Korrekte Rechtschreibung und Grammatik sollten selbstverständlich sein.

Um die Zielgruppe passend anzusprechen, muss man diese Zielgruppe natürlich kennen. Dazu ist es wichtig zu wissen, ob vorrangig Kunden der eigenen Firma die Videos ansehen oder zufällige Besucher auf YouTube oder welche, die von anderen sozialen Netzwerken weitergeleitet werden, diese Videos entdecken und dann möglicherweise zu Kunden werden oder auch nur die Videos weiter im Internet teilen und damit den Kanal bekannt machen. Die Ansprache der Nutzer in den Videos muss der Zielgruppe entsprechend angepasst sein. So erwarten Jugendliche etwas ganz anderes als professionelle Firmenkunden und Entscheidungsträger in den Chefetagen.

Konsistentes Design

Ein gutes Design kann ebenfalls dazu beitragen, dass Menschen sich die Videos gern ansehen. Dazu gehört auch eine Corporate Identity, ein gewisser Wiedererkennungswert, der einerseits zum Stil und Design der eigenen Firma passt, aber auch konsequent durch alle Videos des Kanals geht.

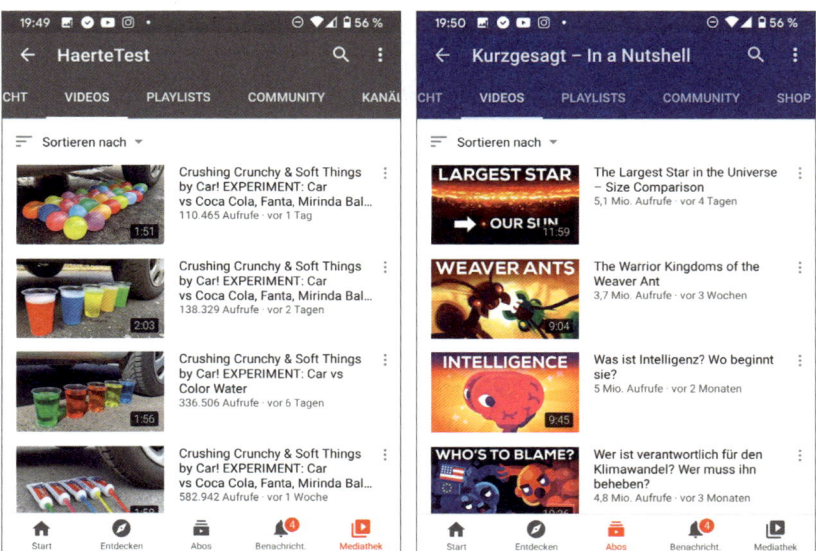

Die Videos der beliebtesten YouTube-Kanäle in Deutschland, HaerteTest und Kurzgesagt – In a Nutshell sind durch konsistentes Design zumindest der Titelbilder deutlich wiederzuerkennen.

So sollten besonders die Titelbilder, die in den Listen bei YouTube auftauchen, so gestaltet sein, dass man schon, ohne den Namen des Videos zu lesen, es sofort in Verbindung mit Ihrem Kanal bringt. Verwenden Sie also ein möglichst gleichmäßiges Design für alle Videos und besonders für die Titelbilder.

Regelmäßig neue Videos in gleichbleibend guter Qualität

Nutzer erwarten Regelmäßigkeit. Das betrifft nicht nur das Design. Ein Kanal, der täglich neue Videos veröffentlicht, sollte dies auch langfristig täglich beibehalten und nicht nur die ersten paar Wochen. Nutzer werden andernfalls schnell wieder abspringen. Natürlich reicht es auch, einmal pro Woche ein Video zu veröffentlichen. Auch solche Kanäle haben ihre begeisterten Fans, die allerdings unruhig werden, wenn auf einmal jeden Tag ein Video erscheint oder auch monatelang gar nichts. Haben Sie nicht mehr die Zeit, regelmäßig Videos zu veröffentlichen, und lässt daher die Qualität nach, merken die Nutzer das sofort, was Ihren Kanal sicher einige Abos kostet.

Namen der Videos

Die Namen der Videos sollen kurz und knapp sein und das Interesse der YouTube-Besucher sofort wecken. Ein langweiliger Videotitel wird nur wenige dazu bewegen, sich dieses Video anzusehen. Besonders wichtig sind die ersten Wörter, da Videotitel in vielen Listen nur stark verkürzt dargestellt werden.

Vermeiden Sie aber das in letzter Zeit gehäuft auftretende Clickbaiting, bei dem ein Satz kurz angefangen wird, ohne wirklich den Inhalt zu nennen. Derartige – meist unseriös wirkende – Anbieter hoffen so, dass jemand auf das Video klickt. Immer mehr Nutzer haben mit derartigen Schlagzeilen schlechte Erfahrungen, da sich meistens wenig Informatives dahinter verbirgt. In vielen Fällen werden Sie bei dieser Vorgehensweise auch schlechte Kommentare ernten, die dann ganz kurz den Inhalt des Videos beschreiben, den Sie eigentlich verbergen wollten, und damit den Besuchern die Lust nehmen, Zeit für dieses Video zu verschwenden.

Im Titel des Videos oder in den ersten Sätzen der Videobeschreibung sollten Sie bestimmte Schlüsselwörter verwenden, bei denen Sie davon ausgehen, dass Nutzer danach suchen könnten, um dieses Video zu finden. Der wirkliche Inhalt eines Videos ist für Suchmaschinen nur schwer erfassbar. Daher sind der Titel und die Beschreibung sehr wichtig, um bei bestimmten Suchbegriffen im Google- und YouTube-Ranking nach oben zu kommen.

Hashtags

Hashtags sind ein wichtiges Element, um nicht nur auf YouTube, sondern in allen sozialen Netzwerken Videos und sonstige Beiträge zielgerichtet zu finden.

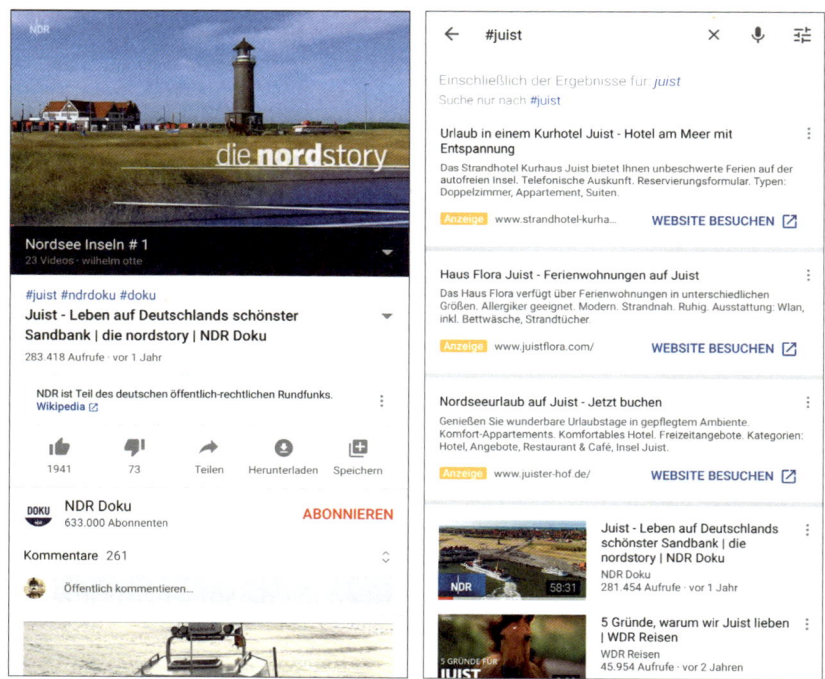

Links: Hashtags in der Videobeschreibung, rechts: Werbung bei der Suche nach Hashtags

Theoretisch können Sie beim Veröffentlichen eines Videos beliebige Hashtags erfinden, was allerdings keinen Sinn ergibt, da andere nur nach beliebten Hashtags suchen. Firmen oder Organisationen erfinden manchmal eigene Hashtags für ihre Werbung, die nicht unbedingt etwas mit dem Firmennamen zu tun haben müssen. Über solche Hashtags lassen sich Werbekampagnen steuern, indem man versucht, Nutzer sozialer Netzwerke dazu zu überreden, den eigenen Hashtag in ihren Videobeschreibungen oder einfach nur in Kommentaren zu nutzen. Damit lässt sich später die Reichweite einer Werbekampagne ermitteln.

Hashtags werden am Anfang der Videobeschreibung angezeigt. Tippt ein Benutzer auf einen Hashtag, erscheinen passende Suchergebnisse. Dabei werden auch solche angezeigt, die den Suchbegriff nicht als Hashtag, sondern als Wort in der Beschreibung verwenden. Werbetreibende haben die Möglichkeit, in den Suchergebnissen für Hashtags Anzeigen zu schalten. Die wirklichen Videos erscheinen dann erst weiter unten.

Interaktion mit den Benutzern

Der wichtigste Unterschied zwischen YouTube und einfachen Video-on-Demand-Portalen ist die Interaktion mit den Nutzern. Lesen Sie als YouTuber aufmerksam alle Kommentare und beantworten Sie zumindest die wichtigen. Bleiben Sie dabei sachlich und schlichten Sie mögliche Streitereien zwischen Kommentatoren.

Wichtig ist auch die Interaktion zwischen verschiedenen Social-Media-Portalen. Verlinken und bewerben Sie Ihre Videos auf Facebook oder Instagram. Bei wichtigen Themen mit höherem Erklärungsbedarf oder zusätzlichen Dokumenten verweisen Sie auf Ihren Blog, da Videobeschreibungen erfahrungsgemäß weniger gelesen werden.

Manche YouTuber sind dazu übergegangen, die Kommentarfunktion unter ihren Videos zu sperren, wenn zu viele Hassreden oder Trolle dort auftauchen. Allerdings sollte dies erst der letzte Schritt sein, wenn es nicht mehr möglich ist, die Kommentare in sachliche Bahnen zu lenken. Ohne Kommentarfunktion erfahren Sie nichts von Ihren Nutzern und sehen höchstens an den Likes, ob Ihr Video bei der Zielgruppe auch ankommt. Kommentare sind auf YouTube, wie in allen sozialen Netzwerken, ein wichtiges Instrument, um mit den Nutzern zu kommunizieren und Nutzermeinungen wahrzunehmen.

Besser gefunden werden

Videos werden nur angesehen, wenn die möglichen Zuschauer sie auch auf YouTube finden. Dazu sind ein paar wichtige Dinge zu beachten.

- **Interessante und aussagekräftige Thumbnails:** Diese sehen die Benutzer, bevor sie das Video aufrufen, in Listen, Vorschlägen und Suchergebnissen.
- **Interessante erste Wörter der Titel:** In den Vorschlagslisten sind Titel nur unvollständig zu sehen.
- **Wichtige Suchbegriffe (Keywords)** im Videotitel und der Videobeschreibung.
- **Wichtige Hashtags** in der Videobeschreibung.
- **Relevante Suchbegriffe** als Tags in den Metadaten eintragen.

Deutsch oder Englisch?

Viele deutsche YouTuber stellen sich die Frage: Soll man Videos auf Deutsch oder auf Englisch machen? Darauf lässt sich keine eindeutige Antwort geben. Sprechen Sie die Sprache Ihrer Zielgruppe. Das betrifft einerseits die Auswahl, ob Deutsch oder Englisch, wie auch die Wortwahl und typische Ausdrucksweisen. In jedem Fall können Sie sprachliche Feinheiten in der Muttersprache immer besser nutzen als in einer Fremdsprache, die nur die wenigsten wirklich akzentfrei beherrschen. Aktuelle Sprachtrends, besonders in der Jugendsprache, bekommt man in einem anderen Land immer erst später mit.

Haben Sie internationale Abonnenten, denken Sie immer daran, dass auch diese wissen, in welchem Land Sie leben. Bei deutschsprachigen Videos wundern sich Franzosen über die seltsame Sprache, bei englischsprachigen dagegen belächeln Briten das schlechte Englisch.

Wenn Sie Firmenvideos für ein internationales Publikum produzieren, engagieren Sie einen muttersprachlichen Sprecher.

Unabhängig davon können Sie Videobeschreibungen in mehreren Sprachen veröffentlichen.

Was man nie tun sollte

- **Zu viele oder zu wenige Videos** – Veröffentlichen Sie nicht zu oft neue Videos, wenn Sie diese Taktzahl langfristig nicht halten können. Wenn Sie mal viel Zeit und Ideen haben, produzieren Sie lieber Videos vor, die dann nach und nach veröffentlicht werden.

- **Immer die gleichen Hashtags** – Verwenden Sie nicht in jedem Video ziellos die gleichen Hashtags. Sie sollten auf jeden Fall zum Video passen und nicht einfach sinnfrei angehängt werden.

- **Mitbewerber** – Verwenden Sie keine Hashtags, die eindeutig einem Mitbewerber zuzuordnen sind. Dies mag ein Versuch sein, Besucher von Mitbewerberkanälen anzulocken. Diese werden den faulen Trick jedoch schnell merken und Ihrem Kanal für immer den Rücken kehren.

- **Bilder oder Videos von anderen** – Veröffentlichen Sie nur Material, an dem Sie das Urheberrecht haben. Sie können Videos zitieren, das aber deutlich auch so kennzeichnen. Außerdem sollten Sie die betroffenen YouTuber immer zuvor kurz um Erlaubnis fragen.

- **Übermäßig viele Kanäle abonnieren** – Manche YouTuber, besonders Firmen, abonnieren wahllos unzählige Kanäle und erhoffen sich damit, dass diese sie ebenfalls abonnieren. Kurz danach werden sie meistens wieder aus den Abonnenten entfernt. Dieses unseriöse Verhalten werden aber viele Nutzer bemerken, was dann ein schlechtes Bild auf die betreffende Firma in der Community wirft.

- **Bots und Scripts** – Im Internet findet man verschiedene Bot-Apps oder Skripte, die automatisch Videos liken oder gar Kommentare veröffentlichen. Allerdings sind solche Kommentare leicht als Fake zu erkennen, und die betroffenen YouTuber werden dem Kommentator nicht mehr folgen und ihn möglicherweise sogar blockieren.

YouTube Analytics – Infos für Kanalbetreiber

YouTube Studio liefert auf der Seite *Analytics* ausführliche Analysen über die Aktivitäten auf dem eigenen Kanal. Oben rechts wählen Sie einen Zeitraum, der ausgewertet werden soll. In diesem Zeitraum, wobei immer der aktuelle Tag nicht berücksichtigt wird, sehen Sie die Anzahl aller Videoaufrufe, die gesamte Wiedergabezeit aller Videos sowie die Anzahl neuer Abonnenten.

Startseite der Kanalanalysen

Im unteren Bereich des Bildschirms finden Sie die beliebtesten Videos aus diesem Zeitraum. Neben der absoluten Zahl der Aufrufe ist auch die durchschnittliche Wiedergabedauer interessant. Anhand der Prozentwerte können Sie schnell sehen, ob Benutzer das Video im Ganzen gesehen haben oder eher zwischendurch abgebrochen, also irgendwann das Interesse verloren haben.

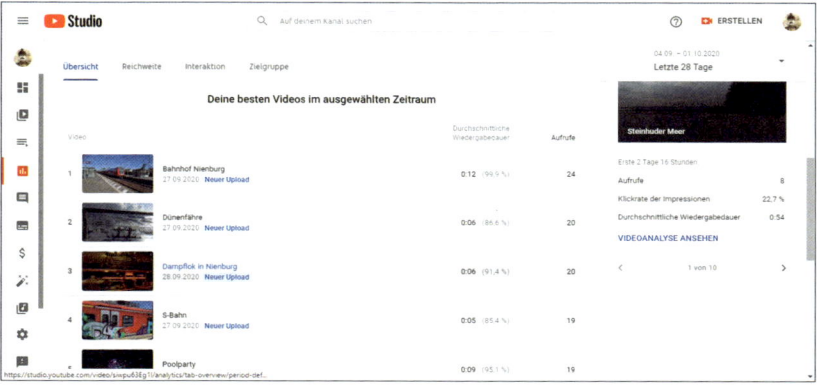

Beliebteste Videos im ausgewählten Zeitraum mit Wiedergabedauer

Im Bereich *Echtzeit* sehen Sie Echtzeitdaten der letzten 48 Stunden, die in der großen Analyse teilweise noch fehlen. Hier sehen Sie, zu welchen Zeiten Ihre Videos besonders gern gesehen werden, was auch Rückschlüsse auf die Zielgruppe zulässt. Ein Klick auf *Mehr anzeigen* zeigt detaillierte Verlaufskurven der Echtzeitdaten jedes Videos.

Beim Klick auf eines der aufgelisteten Videos erscheint eine detaillierte Analyse dieses Videos, wann und wie oft es angesehen wurde. Diese Daten stehen aber erst mit zeitlichem Versatz von ein bis zwei Tagen zur Verfügung.

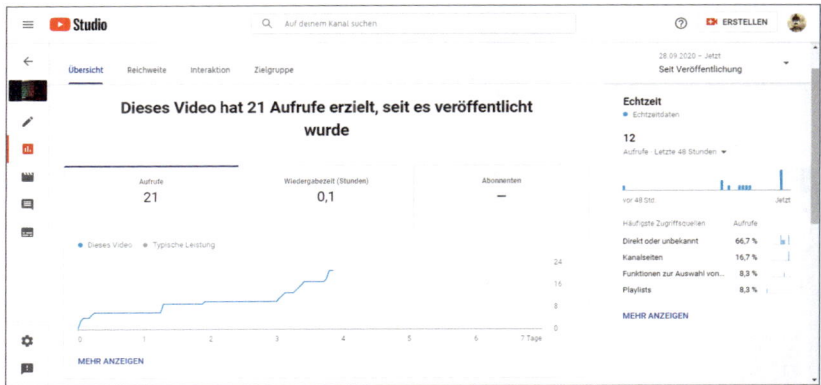

Analysedaten eines Videos

Der *erweiterte Modus* dieser Seite bietet zahlreiche Filter und Detailanzeigen, mit denen man noch viel mehr über die Betrachter des Videos erfahren kann.

Die Seite *Reichweite* zeigt, wie attraktiv die Videos und besonders auch deren Thumbnails sind. Die Kurve der Impressionen gibt an, wie oft die Videos Zuschauern auf YouTube angeboten wurden, über Vorschlagslisten oder die Einblendung weiterer interessanter Videos am Ende eines abgespielten Videos. Die Klickrate der Impressionen gibt an, wie viele Zuschauer auf so einen Vorschlag geklickt haben. Die Zahl der Aufrufe kann höher oder niedriger als die aus der Klickrate errechnete Zahl sein, da alle, die ein Video aus einer persönlichen Playlist, Verlaufsliste, über die YouTube-Suche oder über einen Link geöffnet haben, nicht bei den Impressionen berücksichtigt werden.

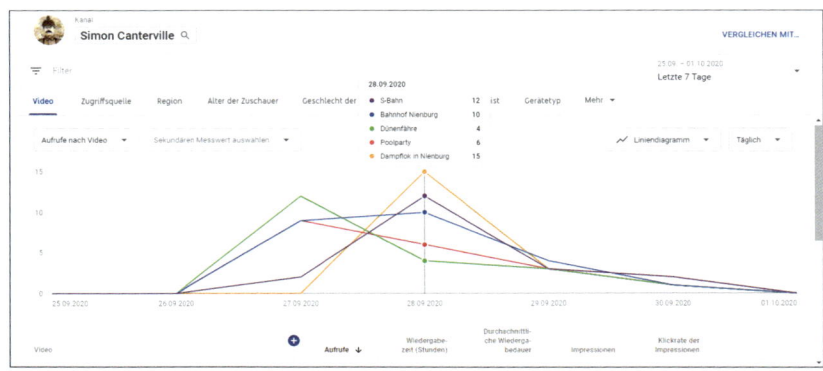

Erweiterte Analysedaten eines Videos

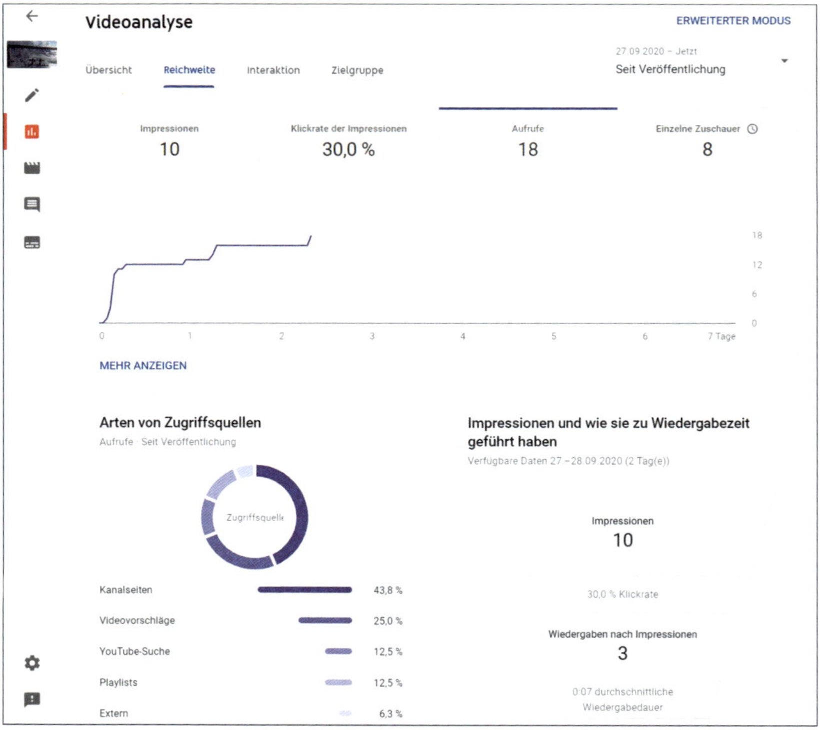

Videoanalyse

ERWEITERTER MODUS

Übersicht   **Reichweite**   Interaktion   Zielgruppe

27.09.2020 – Jetzt
Seit Veröffentlichung

Impressionen	Klickrate der Impressionen	Aufrufe	Einzelne Zuschauer
10	30,0 %	18	8

MEHR ANZEIGEN

Arten von Zugriffsquellen
Aufrufe · Seit Veröffentlichung

Zugriffsquelle

Kanalseiten	43,8 %
Videovorschläge	25,0 %
YouTube-Suche	12,5 %
Playlists	12,5 %
Extern	6,3 %

Impressionen und wie sie zu Wiedergabezeit geführt haben
Verfügbare Daten 27.–28.09.2020 (2 Tag(e))

Impressionen
10

30,0 % Klickrate

Wiedergaben nach Impressionen
3

0:07 durchschnittliche Wiedergabedauer

Reichweitenanalyse eines Videos

Die Seite *Interaktion* zeigt die gesamte Wiedergabezeit und durchschnittliche Wiedergabedauer der Videos. Hier sehen Sie auch, welche Videos aus einem Abspann eines anderen Videos aufgerufen wurden und welche Playlists und Infokarten in Videos beliebt sind. Klicken Sie auf *Mehr anzeigen*, sehen Sie ausführliche Details zur Auswertung. Hier finden Sie auch Zugriffsquellen, Gerätetypen oder Betriebssysteme der Nutzer. Auf der Seite *Zuschauerbindung* sehen Sie, an welcher Stelle im Video Zuschauer abgebrochen haben. Dies kann sehr interessant für zukünftige Videos sein, um ähnliche Fehler zu vermeiden.

Analytics in der YouTube-Studio-App

Die App *YouTube Studio* zeigt im Bereich *Analytics* in sehr übersichtlicher Form alle wichtigen Analysedaten.

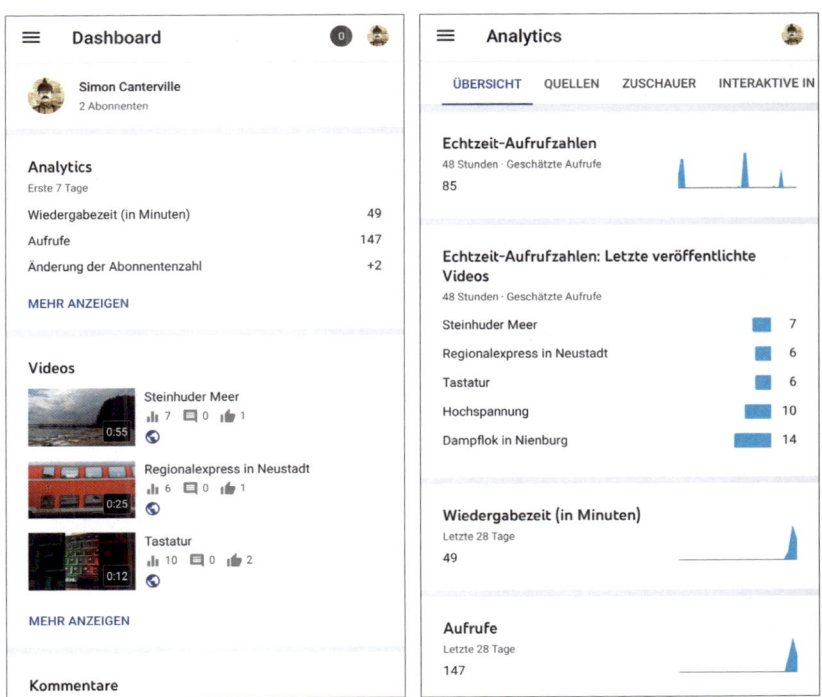

Analyse des eigenen YouTube-Kanals in der YouTube-Studio-App

Auch hier finden Sie Aufrufdaten in Echtzeit oder der letzten 28 Tage, Informationen über Quellen, Besucher, Playlists und interaktive Inhalte.

Tippen Sie in einer der Listen im Analytics-Bereich auf ein Video, finden Sie Likes und Dislikes, Impressionen und viele weitere Analysedaten zu diesem Video.

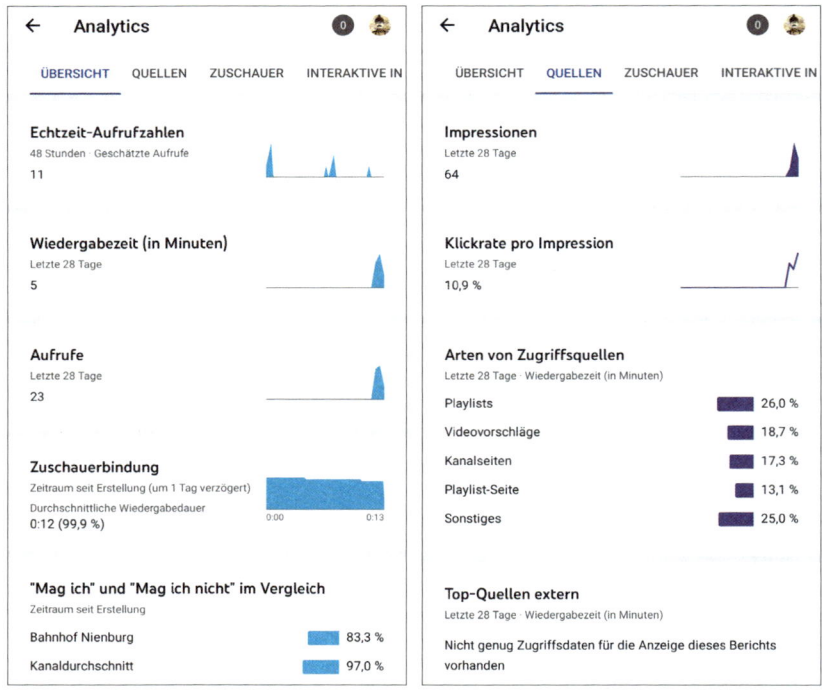

Analyse eines einzelnen Videos in der YouTube-Studio-App

Juristische Probleme beim Hochladen eigener Videos

Zensur auf YouTube ist immer wieder ein Problem, das nicht nur kleine YouTube-Kanäle trifft, aber nur selten von YouTubern angesprochen wird, um nicht selbst in den Fokus der Zensierenden zu geraten. Videos verschwinden auf einmal – oft ohne klare Begründung. Der YouTuber erhält beim ersten Verstoß zunächst per E-Mail nur eine Ermahnung.

Beim nächsten Verstoß gibt es eine Verwarnung und eine auf eine Woche befristete Sperre, Videos, Livestreams, Storys, benutzerdefinierte Thumbnails und Beiträge zu veröffentlichen. Bei der zweiten Verwarnung innerhalb von 90 Tagen wird die gleiche Sperre für zwei Wochen verhängt. Bei der dritten Verwarnung innerhalb von 90 Tagen wird der ganze Kanal deaktiviert. Viele YouTuber berichten, dass es ausgesprochen schwierig ist, ohne juristischen Beistand gegen solche Sperren vorzugehen.

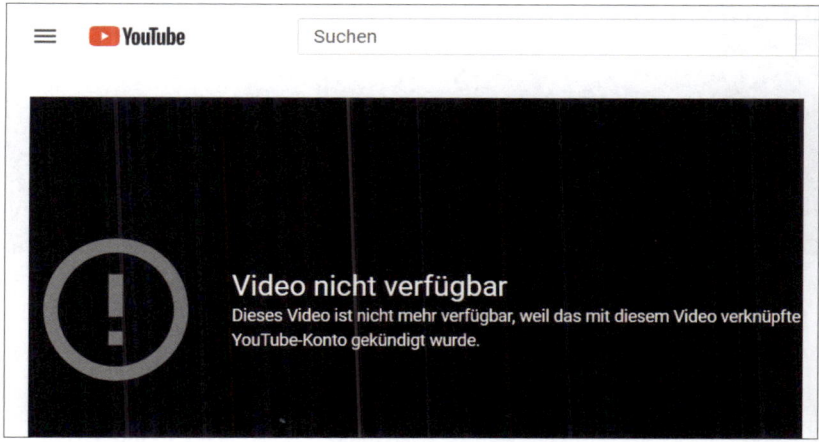

Wurde ein Kanal gesperrt, sind die Videos alle nicht mehr zu sehen.

Besonders in Deutschland werden viele Videos nicht einmal deswegen gesperrt, weil sie gegen YouTubes eigene Richtlinien verstoßen, sondern weil die GEMA, staatliche Behörden oder regierungsnahe Organisationen die Sperrung beantragen. Nach einer Studie von OpenDataCity sind von den 1.000 weltweit beliebtesten YouTube-Videos in Deutschland 61,5 % nicht verfügbar. Selbst im Vatikan sind es nur 5,1 %, in der Schweiz 1,2 %, in Österreich 1,1 % und in den USA sogar nur 0,9 %. Nach eigenen Angaben informiert YouTube sowohl den Uploader als auch Nutzer, die ein gesperrtes Video in ihren Listen gespeichert haben, mit einem schwarzen Platzhalter darüber, warum ein Video gesperrt wurde. Nach Aussagen verschiedener YouTuber werden aber auch immer wieder Videos ohne Begründung gesperrt. In solchen Fällen wird auch beim Versuch, ein solches Video aus einer Verlaufsliste, persönlichen Liste oder einem Browserlesezeichen zu öffnen, nur eine nichtssagende Meldung präsentiert.

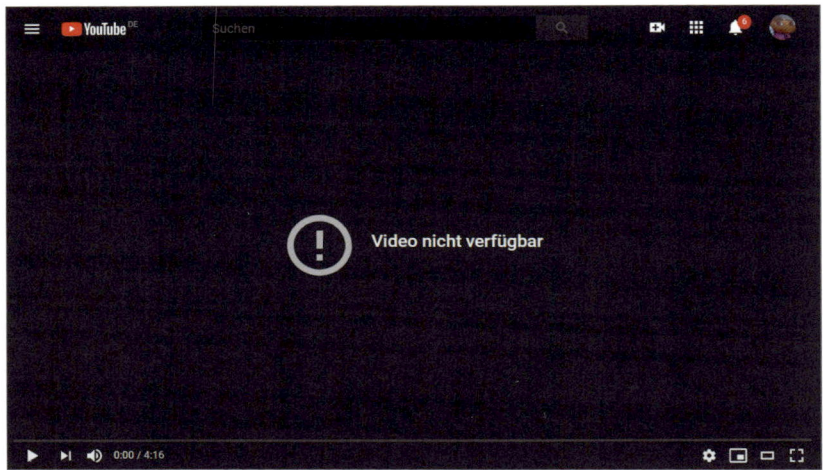

Aus nicht weiter bezeichneten Gründen gesperrtes Video

YouTube-Community-Richtlinien

Beim Hochladen von Videos müssen die von YouTube veröffentlichten Community-Richtlinien beachtet werden. Die wichtigsten Richtlinien sind klar dokumentiert, die tatsächliche Auslegung dieser Richtlinien variiert allerdings von Fall zu Fall.

Nach eigenen Angaben beschäftigt YouTube etwa 10.000 Personen weltweit damit, regelmäßig hochgeladene Videos auf die Einhaltung der Community-Richtlinien zu prüfen.

- **Spam und irreführende Praktiken** – Dazu zählen neben unmittelbarem Betrug auch Identitätsdiebstahl und persönlicher oder technischer Aufruf zur Manipulation von Statistiken, wie Likes oder Aufrufzahlen. Auch Links auf Webseiten, die derartige Methoden nutzen, sind nicht zulässig.

- **Sensible Inhalte** – Unter diese Kategorie fallen alle Themen, die zum Schutz von Kindern eingeschränkt werden, unter anderem Mord, auch Selbstmord und alle Bereiche der Pornografie.

- **Gewaltverherrlichende oder gefährliche Inhalte** – Neben tatsächlich gewaltverherrlichenden Videos gelten als gefährlich auch jede Art von Anleitungen zum Verletzen und Töten, zum Konsum oder zur Herstellung harter Drogen, für Diebstahl, Betrug, Hacking oder zur Umgehung von Bezahlsperren und Kopierschutzmechanismen für digitale Medien oder Onlinedienste. Auch die Herstellung von Heilmitteln wird von YouTube genau beobachtet und in vielen Fällen sehr früh zensiert, in anderen Fällen dafür gar nicht, was auch schon bei Medizinfachleuten zu Missmut führte. Auch gefährliche Streiche oder Challenges fallen in diese Kategorie. Hassreden oder Aufrufe zu kriminellen Taten, wie auch allgemein Videos, die gewalttätige oder kriminelle Organisationen beschönigend darstellen, dürfen auf YouTube nicht veröffentlicht werden. YouTube behält sich vor, auch Videos, die öffentlich dazu aufrufen, die Nutzungsbedingungen von YouTube zu ignorieren oder aktiv dagegen zu verstoßen, mit der Begründung gefährlicher Inhalte zu sperren.

- **Waren, die gesetzlichen Beschränkungen unterliegen** – Waren, deren Verkauf oder Nutzung gesetzlichen Beschränkungen unterliegt, zum Beispiel Schusswaffen oder bestimmte Chemikalien, dürfen auf YouTube nicht angeboten werden. Selbst beschreibende Videos über derartige Produkte können als versteckte Werbung deklariert und daher gesperrt werden.

Urheberrechtliche Gründe für die Sperrung von Videos

Im Jahr 2009 wurde ein Fall bekannt, in dem die GEMA (Gesellschaft für musikalische Aufführungs- und mechanische Vervielfältigungsrechte) in Deutschland Tausende Musikvideos sperren ließ, da die Rechte gegenüber YouTube nicht gewährt worden waren. Zusätzlich zu den originalen Musikvideos waren noch mehr Videos betroffen, die die Musik nur als Hintergrundmusik verwendeten und eigentlich ganz andere Themen beschrieben.

In solchen Fällen kann es auch heute noch zu Sperrungen wegen des Urheberrechts kommen. Nach einem längeren Rechtsstreit verkündete YouTube im November 2016, man habe sich mit der GEMA geeinigt und die betroffenen Videos wären wieder freigegeben worden. Viele kleine YouTube-Kanäle berichteten aber, dass entsprechende Videos mit Hintergrundmusik weiterhin nicht öffentlich erreichbar waren.

Videos, die Ausschnitte aus TV-Sendungen zeigen, werden häufig auf Anfrage der TV-Sender gesperrt, besonders, wenn die Sendung im Original auf YouTube nicht oder nicht mehr gezeigt wird.

Sonstige Fälle von Sperrungen eines Videos

Besonders in Deutschland häufen sich Fälle, in denen die betroffenen YouTuber von politisch motivierter Zensur ausgehen. YouTube schreibt selbst, man habe ein sogenanntes Trusted Flagger Programm eingerichtet, mit dem Regierungsbehörden und auch Nichtregierungsorganisationen dazu beitragen können, Videos zu entdecken, die gegen die Community-Richtlinien von YouTube verstoßen.

In vielen Fällen berichten YouTuber, deren Videos mit einer derartigen Begründung gesperrt wurden, dass sich dies nur auf Deutschland bezieht. Wird das gleiche Video von einem Schweizer oder österreichischen YouTube-Kanal erneut hochgeladen, bleibt es meistens online. In vielen Fällen von Sperrung erhalten YouTuber nur eine Mail, dass ihr Video gegen die Community-Richtlinien verstößt – ohne eine detaillierte Begründung. Der betreffende YouTuber wird im Dunkeln gelassen, an welcher Stelle er das Video überarbeiten oder bestimmte Stellen löschen müsste, um es wieder freizuschalten.

Dass YouTuber, deren Videos in kürzerer Zeit gesperrt werden, als das Video lang ist, von einer Willkür ausgehen, ist besonders dann verständlich, wenn sie nach wenigen Minuten von YouTube eine E-Mail erhalten, in der es heißt, man habe sich das Video eingehend angesehen und nach reiflichen Überlegungen deaktiviert – und die Zeit zwischen Upload und Deaktivierung gar nicht dafür ausgereicht hätte, das Video in voller Länge zu betrachten.

5. Wichtige Einstellungen für YouTube

Tippen Sie in der YouTube-App oben rechts auf das Profilbild, erscheint ein Menü mit zahlreichen Optionen. Der Menüpunkt *Einstellungen* führt zu den Einstellungen der YouTube-App.

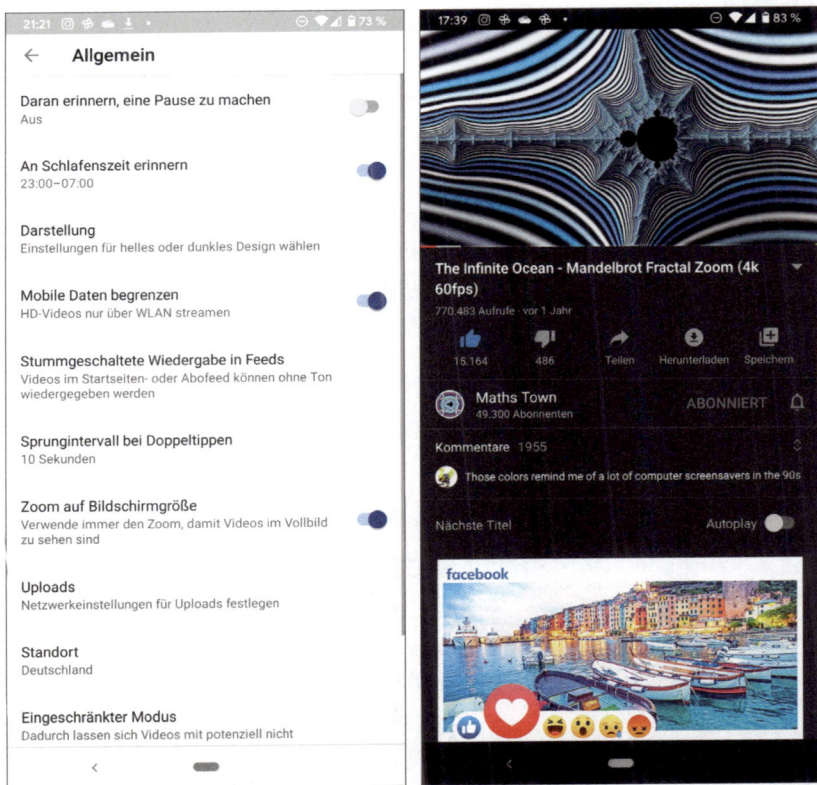

Links: Einstellungen der YouTube-App, rechts: dunkles Design

Im Bereich *Allgemein* finden Sie unter anderem zwei wichtige Einstellungen zum Abspielen von Videos.

- *Stummgeschaltete Wiedergabe in Feeds* legt fest, dass beim Blättern durch den persönlichen YouTube-Feed Videos zwar abgespielt werden, aber stumm.

- *Sprungintervall bei Doppeltippen* bestimmt, um wie viele Sekunden im Video nach vorn oder zurück gesprungen wird, wenn man doppelt in das Videobild tippt.

Dunkles Design

Der helle Smartphone-Bildschirm strengt die Augen an, außerdem lässt sich besonders auf OLED-Displays mit heller Schrift auf dunklem Hintergrund erheblich Strom sparen. Mit Android 10 zog der dunkle Bildschirmmodus ins Betriebssystem ein.

Die YouTube-App bietet in den *Einstellungen* unter *Allgemein/Darstellung* die Auswahl, das Gerätedesign zu übernehmen oder dunkles bzw. helles Design manuell festzulegen. Dies funktioniert auch bei einigen älteren Android-Versionen, die noch kein systemweites dunkles Design kennen. Die Designeinstellung gilt nur für dieses eine Smartphone und wird nicht über das Google-Konto für alle Geräte übernommen.

+++ SO GEHT ES AUF DEM PC +++

Im Browser auf dem PC klicken Sie auf Ihr Profilbild oben rechts. Im Menü können Sie jetzt das dunkle Design auswählen.

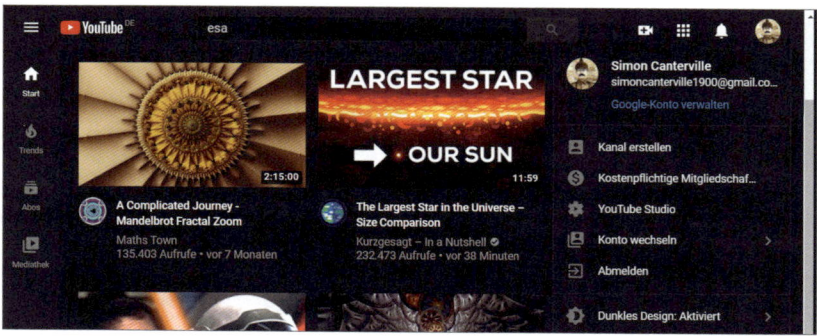

Systembenachrichtigungen für YouTube

YouTube kann bei verschiedenen Ereignissen benachrichtigen und einen Ton erklingen lassen. Außerdem kann die LED des Smartphones leuchten. Dazu muss das Smartphone LED-Benachrichtigungen unterstützen, was bei den meisten modernen Geräten der Fall ist. In den Einstellungen der YouTube-App unter *Benachrichtigungen* können Sie genau festlegen, bei welchen Ereignissen YouTube benachrichtigen soll. YouTube kann auch einmal am Tag eine Tagesübersicht aller Benachrichtigungen senden. Der Zeitpunkt, wann diese erscheinen soll, kann frei gewählt werden.

Welche Benachrichtigungen Sie wirklich sehen möchten und wie diese dargestellt werden sollen, können Sie in den Android-Systemeinstellungen unter *Apps & Benachrichtigungen/YouTube* sehr detailliert festlegen. Tippen Sie hier auf *Benachrichtigungen* und schalten Sie die gewünschten Benachrichtigungskanäle ein oder aus.

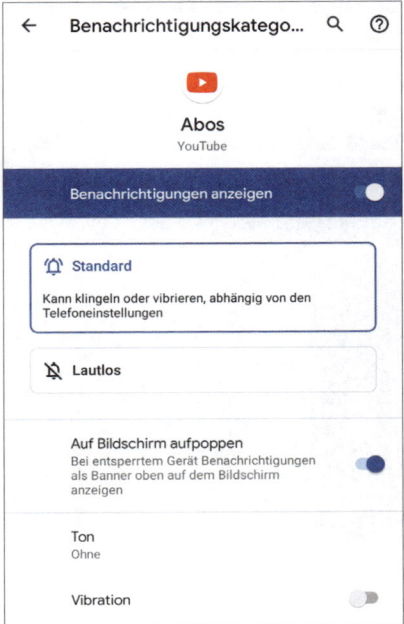

Tippen Sie auf eine dieser Benachrichtigungskategorien, können Sie noch festlegen, ob diese Benachrichtigungen als Banner auf dem Bildschirm aufpoppen sollen oder nicht und ob sie als Standardbenachrichtigung mit Text und Signal oder lautlos nur als Symbol in der unteren Zeile der Benachrichtigungen erscheinen sollen.

Eingehende YouTube-Benachrichtigungen werden in der Benachrichtigungsleiste oben links, ähnlich wie eingehende E–Mails oder WhatsApp-Nachrichten, angezeigt. Ziehen Sie die Nachrichtenleiste herunter, um den Inhalt der Nachricht anzuzeigen. Tippen Sie darauf, wird YouTube mit dem entsprechenden Video, der Playlist oder dem Kommentar gestartet.

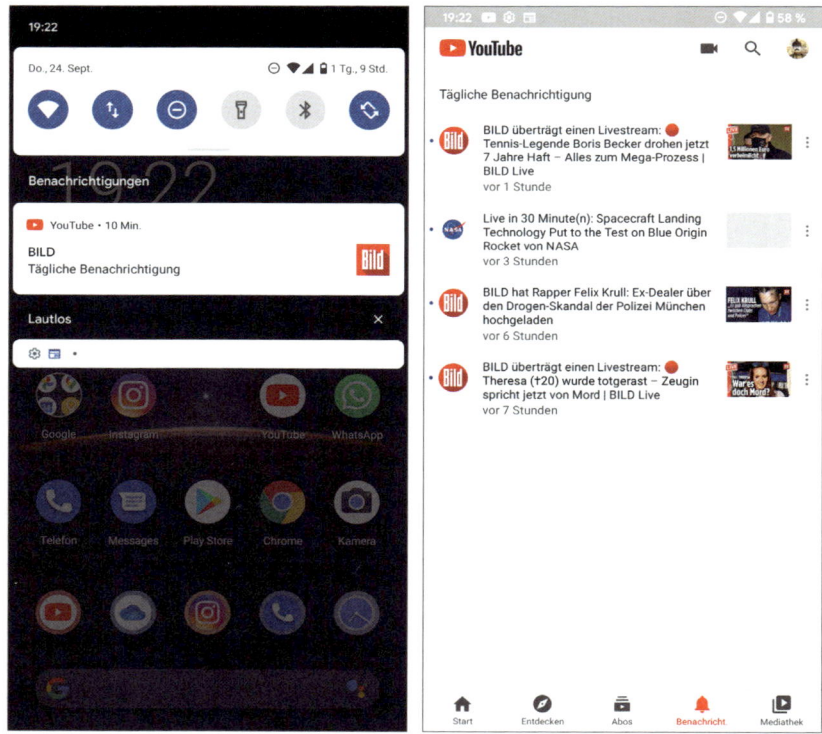

Links: YouTube-Benachrichtigungen in der Benachrichtigungsleiste, rechts: Benachrichtigungen in der YouTube-App

Benachrichtigungspunkt

Bei ungelesenen Mitteilungen oder verpassten Ereignissen zeigt das YouTube-Symbol auf dem Startbildschirm einen soge-nannten Benachrichtigungspunkt. Möchten Sie diesen nicht se-hen, können Sie ihn in den Android-Einstellungen unter *Apps & Benachrichtigungen/YouTube/Benachrichtigungen/Erweitert* ab-schalten.

+++ SO GEHT'S AUF DEM IPHONE +++

Die Einstellungen für Benachrichtigungen finden Sie in den YouTube-Ein-stellungen. Unterschiedliche Prioritäten für Benachrichtigungen gibt es auf dem iPhone nicht. In den iOS-Einstellungen unter *Mitteilungen* legen Sie für jede App fest, ob Mitteilungen auf dem Sperrbildschirm, in der Mit-teilungsliste oder als Banner angezeigt werden.

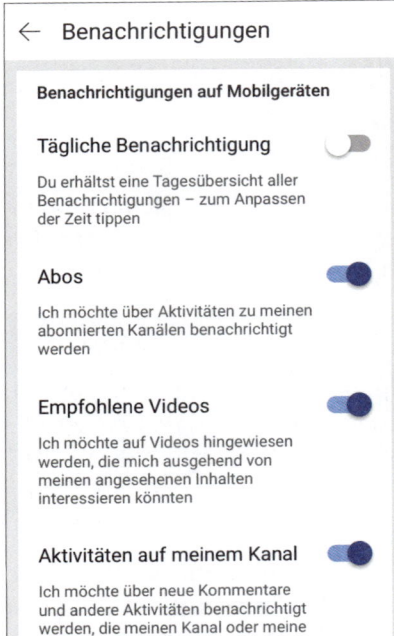

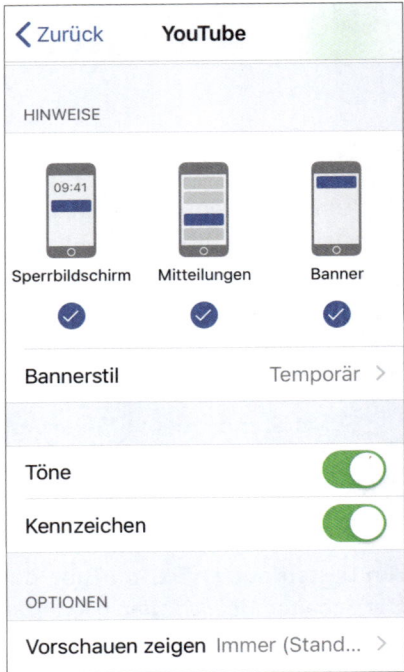

YouTube verwendet ähnliche Benachrichtigungspunkte auch auf der Seite *Abos* innerhalb der App.

Kanäle, auf denen es Neuigkeiten gibt, werden mit einem blauen Punkt bei den Kanal-Logos oben gekennzeichnet.

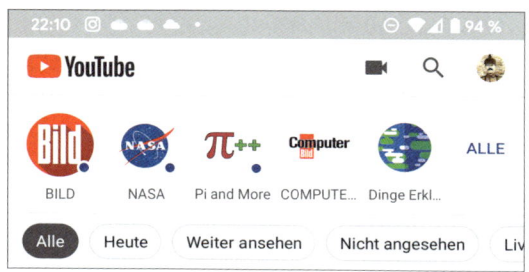

Benachrichtigungspunkte bei abonnierten Kanälen mit neuen Videos

Daten sparen

YouTube unterwegs zu nutzen, verbraucht sehr viel Datenvolumen. Besonders beim Betrachten von HD-Videos kann man schnell an die Grenzen der gebuchten Mobilfunk-Flatrate kommen.

> **Datenverbrauch von YouTube**
>
> In der einfachen SD-Auflösung 360p verbraucht YouTube ungefähr 270 MB/Stunde, bei mittlerer Auflösung 480p sind es 480 MB/Stunde, bei der HD-Auflösung 720p schon 900 MB/Stunde und bei Full HD 1080p sogar 1,8 GB/Stunde.

Am besten nutzen Sie YouTube nur im WLAN und nicht per Mobilfunk. Der Schalter *Mobile Daten begrenzen* in den YouTube-Einstellungen unter *Allgemein* verhindert, dass HD-Videos über das Mobilfunknetz gestreamt werden.

In den Android-Systemeinstellungen unter *Netzwerk und Internet/Mobilfunknetz/Datennutzung durch Apps* sehen Sie jederzeit den Datenverbrauch jeder einzelnen App. In vielen Fällen steht YouTube an erster Stelle.

Wenn Sie YouTube nicht über das Mobilfunknetz nutzen, können Sie sich trotzdem einen Eindruck über den Datenverbrauch verschaffen. Unter *Netzwerk und Internet/WLAN/Datennutzung durch Apps* sehen Sie auch den Datenverbrauch im WLAN.

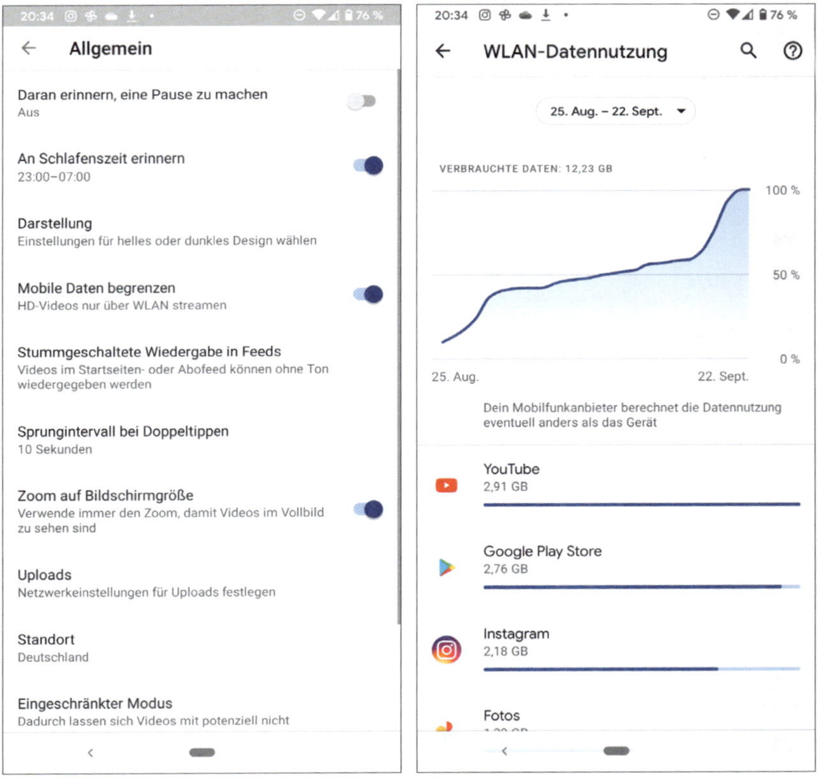

20:34 ← Allgemein	**20:34** ← WLAN-Datennutzung
Daran erinnern, eine Pause zu machen — Aus	25. Aug. – 22. Sept.
An Schlafenszeit erinnern — 23:00–07:00	VERBRAUCHTE DATEN: 12,23 GB
Darstellung — Einstellungen für helles oder dunkles Design wählen	
Mobile Daten begrenzen — HD-Videos nur über WLAN streamen	Dein Mobilfunkanbieter berechnet die Datennutzung eventuell anders als das Gerät
Stummgeschaltete Wiedergabe in Feeds — Videos im Startseiten- oder Abofeed können ohne Ton wiedergegeben werden	**YouTube** 2,91 GB
Sprungintervall bei Doppeltippen — 10 Sekunden	**Google Play Store** 2,76 GB
Zoom auf Bildschirmgröße — Verwende immer den Zoom, damit Videos im Vollbild zu sehen sind	**Instagram** 2,18 GB
Uploads — Netzwerkeinstellungen für Uploads festlegen	**Fotos**
Standort — Deutschland	
Eingeschränkter Modus — Dadurch lassen sich Videos mit potenziell nicht	

Links: YouTube-Einstellungen, rechts: Android-Systemeinstellungen

In den Android-Systemeinstellungen unter *Apps und Benachrichtigungen/ YouTube/Mobile Daten und WLAN* können Sie zwar nicht verhindern, dass YouTube im Mobilfunknetz genutzt wird, aber zumindest die Hintergrunddaten für Benachrichtigungen und Ähnliches abschalten. YouTube kann dann nur noch Daten verbrauchen, wenn die App im Vordergrund läuft. Einige Smartphone-Hersteller, zum Beispiel Huawei, bieten auch Möglichkeiten an, einzelnen Apps die Nutzung von Daten im Mobilfunknetz komplett zu verwehren.

+++ SO GEHT'S AUF DEM IPHONE +++

Auf der Startseite der iOS-Einstellungen erscheint ganz unten eine Liste aller installierten Apps. Tippen Sie hier auf *YouTube*, können Sie Hintergrundaktualisierungen und auch allgemein die Nutzung von Mobilfunkdaten abschalten.

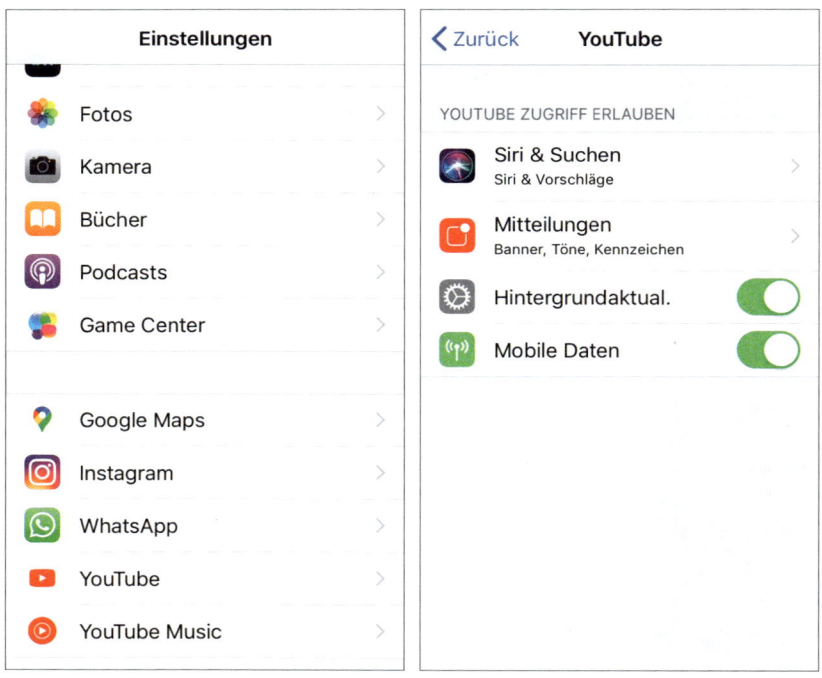

Meine Zeit auf YouTube

Die sogenannte Handysucht scheint zumindest in bestimmten Bevölke-rungsgruppen ein ernstes Problem zu sein. Deshalb bietet die YouTube-App über die Funktion *Wiedergabezeit* im Menü beim Antippen des eige-nen Profilbildes eine Übersicht darüber, wie viel Zeit man in den letzten Tagen auf YouTube verbracht hat. Die Zeiten zählen nur für die YouTube-App auf diesem Smartphone, nicht für andere Geräte, die dasselbe Google-Konto nutzen.

Die YouTube-App kann automatisch in regelmäßigen Abständen an Pausen-zeiten erinnern oder auch abends an die Schlafenszeit. All diese Zeiten sind frei einstellbar. Die App erinnert zum entsprechenden Zeitpunkt, schränkt aber die Funktionen nicht ein.

+++ SO GEHT ES AUF DEM PC +++
Auf dem PC gibt es keine Statistik über Wiedergabezeiten und auch keine Erinnerungen an Pausen- oder Schlafenszeiten.

Mehrere YouTube-Konten auf einem Smartphone

In vielen sozialen Netzwerken kann man auf einem Smartphone nur ein einziges Benutzerkonto anmelden. Einige Hersteller von Dual-SIM-Gerä-ten bieten eigene Möglichkeiten, Apps mit zwei Konten auf einem Gerät zu nutzen.

Derartige Umwege sind bei YouTube nicht nötig, da die App selbst die Op-tion bietet, mehrere Konten anzumelden, wie auch Android standardmä-ßig schon die Möglichkeit hat, mehrere Google-Konten auf einem Smart-phone zu nutzen.

1. Tippen Sie länger auf das Profilbild oben rechts in der YouTube-App, erscheint ein Fenster der angemeldeten Google-Konten. Tippen Sie auf das Konto, mit dem Sie YouTube nutzen möchten.
2. Mit dem Plussymbol fügen Sie weitere Konten hinzu.

3. Der Menüpunkt *Konten verwalten* springt in die Android-Systemeinstellung *Konten*, wo Sie außer den Google-Konten auch andere Benutzerkonten wie Facebook, Microsoft oder WhatsApp finden und einzelne Konten vom Smartphone abmelden können.

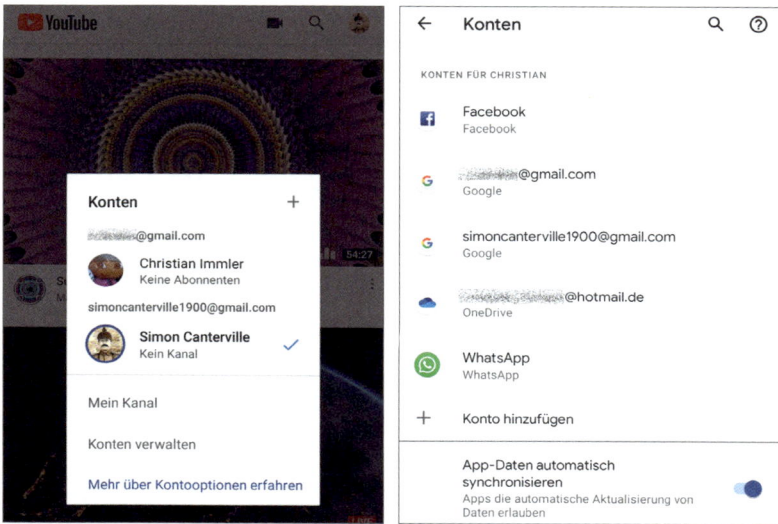

Konten in YouTube wechseln und verwalten

+++ SO GEHT ES AUF DEM PC +++

Auf dem PC klicken Sie oben rechts auf das Profilbild und wählen im Menü *Konto wechseln*. Hier können Sie weitere Google-Konten anmelden und zwischen diesen wechseln.

Datenschutz und Sicherheit

Ob Sie es als Paranoia oder Datenschutz bezeichnen, es mag immer Gründe geben, bestimmte Informationen zu veröffentlichen oder lieber nicht. Suchverlauf und Wiedergabeverlauf von YouTube werden auf allen Geräten, die mit demselben Google-Konto angemeldet sind, synchronisiert, was sehr praktisch ist, um auf Smartphones und PCs schnell alles wiederzufinden, was man mal auf YouTube gesehen hat. Möchten Sie aber einzelne oder alle gesehenen Videos oder Suchbegriffe vor Personen verbergen, die auf unerwünschte Weise an ein Gerät geraten sind, auf dem Ihr Google-Konto angemeldet ist, können Sie das tun.

1. Um ein einzelnes Video aus der Verlaufsliste zu entfernen, öffnen Sie diese auf der Seite *Mediathek* der App. Tippen Sie dann auf die drei Punkte rechts neben dem Video und wählen Sie im Menü *Aus Wiedergabeverlauf entfernen*.

2. Um einen einzelnen Suchbegriff aus dem Suchverlauf zu entfernen, tippen Sie auf das Suchsymbol oben in der App. Jetzt erscheint die Liste der letzten Suchbegriffe. Tippen Sie länger auf einen Begriff, können Sie diesen aus dem Suchverlauf entfernen.

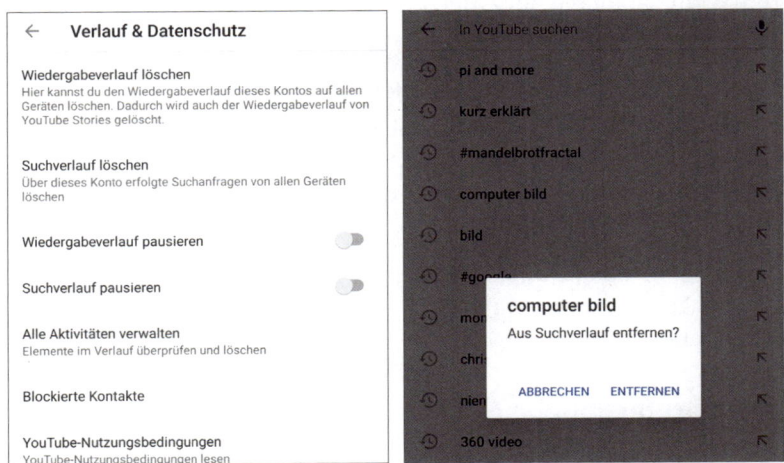

Links: Verlaufslisten komplett löschen oder pausieren, rechts: einzelnen Suchbegriff aus dem Suchverlauf löschen

3. Tippen Sie in der YouTube-App oben rechts auf das Profilbild, erscheint das Hauptmenü mit Einstellungen und Diensten. Hier können Sie unter *Einstellungen/Verlauf und Datenschutz* den kompletten Wiedergabever-

lauf oder Suchverlauf löschen. Bedenken Sie, dass dies nicht rückgängig gemacht werden kann und Sie dann früher gesehene Videos wieder mühsam suchen müssen, solange sie nicht in einer Liste gespeichert wurden. Die persönlichen Listen bleiben immer erhalten.

4. Auf der gleichen Seite der Einstellungen können Sie den Wiedergabeverlauf und den Suchverlauf auch eine Zeit lang pausieren, aber die bisherigen Verlaufslisten unverändert behalten.

Passwort ändern

Haben Sie den Verdacht, jemand hätte Ihr Passwort herausbekommen, sollten Sie es schnellstmöglich ändern. Auch ohne Verdacht empfiehlt es sich, von Zeit zu Zeit das Passwort zu ändern, um Betrugsversuche zu verhindern. YouTube verwendet zur Anmeldung das Passwort des Google-Kontos, das Sie über myaccount.gogle.com auf jedem angemeldeten Gerät ändern können. Aber auch die YouTube-App bietet direkten Zugang zum Formular für die Änderung des Google-Passworts.

1. Tippen Sie in der YouTube-App oben rechts auf das Profilbild, erscheint das Hauptmenü mit Einstellungen und Diensten.

2. Tippen Sie auf dem nächsten Bildschirm auf *Google-Konto verwalten*.

3. Schieben Sie die Leiste mit den verschiedenen Einstellungskategorien *Übersicht/Persönliche Daten/...* so weit nach links, bis die Seite *Sicherheit* erscheint.

4. Unter *Bei Google anmelden/Passwort* geben Sie Ihrem Benutzerprofil ein neues Passwort. Dazu muss einmal noch das aktuelle Passwort eingegeben werden.

Standort festlegen

Da YouTube bestimmte Videos für bestimmte Länder sperrt, kann der in der App angegebene Standort wichtig sein. In den Einstellungen der YouTube-App unter *Allgemein/Standort* wählen Sie das Land aus, in dem Sie YouTube nutzen. In den meisten Fällen wird dieser Standort automatisch eingetragen, kann aber geändert werden.

+++ SO GEHT ES AUF DEM PC +++

Auf dem PC klicken Sie oben rechts auf das Profilbild. Im Menü können Sie direkt den Standort und unabhängig davon auch die Sprache der YouTube-Benutzeroberfläche auswählen.

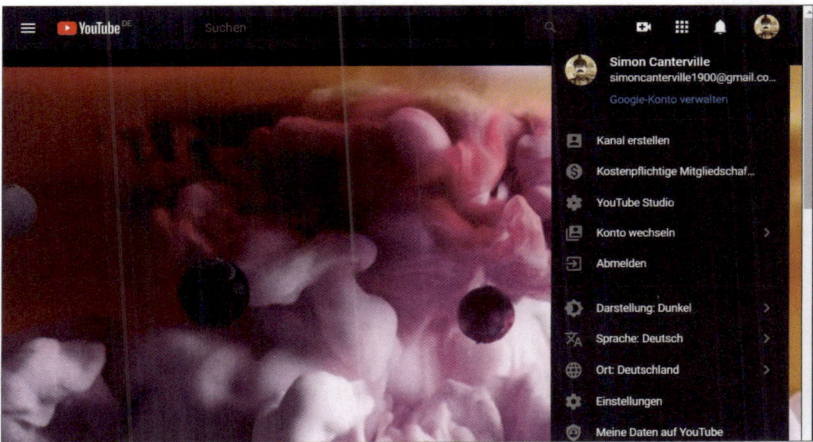

Eingeschränkter Modus

Der *Eingeschränkte Modus* unterdrückt nicht jugendfreie Inhalte auf You-Tube, nicht nur bei den Videos, sondern auch in Suchergebnissen und Kommentaren. Der *Eingeschränkte Modus* kann in den *Einstellungen* unter *Allgemein* ganz unten ein- und ausgeschaltet werden. Das gilt immer nur für das verwendete Gerät. Diese Einstellung wird nicht über das Google-Konto auf andere Geräte synchronisiert.

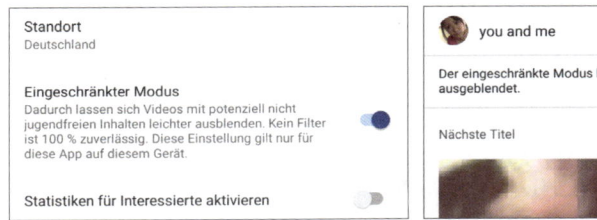
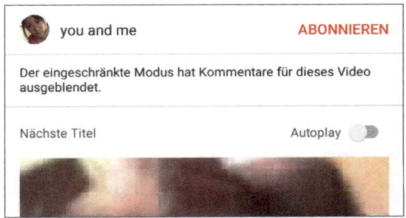

Eingeschränkter Modus in der YouTube-App

Allerdings ist kein derartiger Filter perfekt. Es kann immer mal ein Video durchrutschen, das den angedachten Filterkriterien nicht entspricht.

Außerdem kann der *Eingeschränkte Modus* frei ein- und ausgeschaltet werden, ist also keine wirkliche Kindersicherung.

+++ SO GEHT ES AUF DEM PC +++

Auf dem PC klicken Sie oben rechts auf das Profilbild. Im Menü ganz unten schalten Sie den *Eingeschränkten Modus* ein und aus.

Inkognitomodus

Das Herumsurfen in der YouTube-App hinterlässt ebenso wie das Surfen in einem Browser deutliche Spuren in der Verlaufsliste, in Cookies und Temporärdateien. Diese bieten jedem, der Zugriff auf das Gerät hat, freien Einblick auf alle Videos, die Sie zuletzt besucht haben.

Möchten Sie nicht, dass ein anderer Benutzer des Smartphones sieht, dass Sie bestimmte Videos angesehen haben, können Sie für diese den Inkognitomodus der YouTube-App nutzen.

Ein weiterer, ebenfalls sehr wichtiger Grund für das Inkognito-Surfen ist, wenn Sie aus irgendeinem Grund außer der Reihe nach Themen recherchieren, die Sie sonst nicht interessieren. In solchen Fällen können Sie vermeiden, dass die angesehenen Videos einen Einfluss auf Ihre zukünftigen Vorschläge bei YouTube haben.

1. Tippen Sie in der YouTube-App oben rechts auf das Profilbild und wählen Sie die Zeile *Inkognitomodus aktivieren*.

2. Nach einem kurzen erklärenden Text startet YouTube im Inkognitomodus und protokolliert das Surfverhalten nicht.

3. Der Inkognitomodus wird durch ein schwarzes Benutzerprofilsymbol oben rechts sowie einen schwarzen Balken unten deutlich gekennzeichnet.

4. Den Menüpunkt, um den Inkognitomodus zu verlassen, finden Sie beim Antippen des schwarzen Profilbildes.

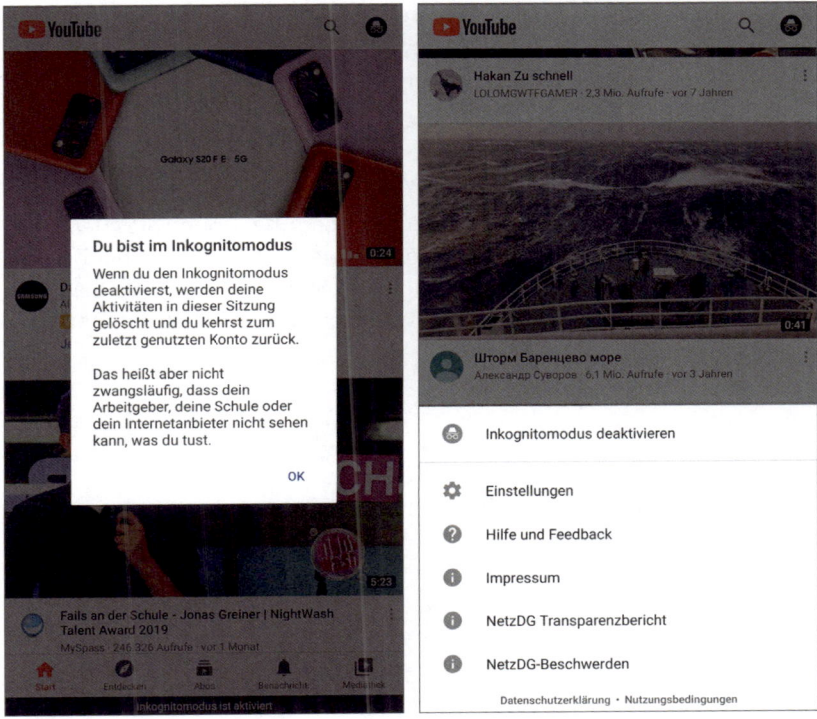

Der Inkognitomodus in der YouTube-App

+++ SO GEHT ES AUF DEM PC +++

Auf dem PC hat YouTube keinen eigenen Inkognitomodus. Öffnen Sie hier YouTube in einem Inkognito-Fenster im Browser.

Meine Daten auf YouTube

YouTube speichert Verlaufslisten, Suchanfragen, Standortdaten und mehr im Google-Konto und verwendet diese Daten für Videovorschläge, aber auch für personalisierte Werbung.

1. Tippen Sie in der YouTube-App oben rechts auf das Profilbild und wählen Sie die Zeile *Meine Daten auf YouTube*.

2. Das YouTube-Dashboard zeigt die wichtigsten Daten auf einen Blick, Playlists, Abos und Kommentare. Auf den typischen Info-Karten von Google sind alle Datenkategorien zu sehen.

3. Weiter unten erscheinen die letzten Videos des Wiedergabeverlaufs. Tippen Sie auf *Meinen Wiedergabeverlauf verwalten*, um einzelne Videos über die drei Punkte neben dem Video aus dem Verlauf zu entfernen.

4. Eine weitere Karte zeigt die letzten Suchbegriffe. Tippen Sie auf *Meinen YouTube-Suchverlauf verwalten*, können Sie auch einzelne Suchbegriffe aus der Verlaufsliste entfernen. An dieser Stelle fasst YouTube die Listen mit Wiedergabeverlauf und Suchverlauf zu einer Liste zusammen.

5. Ganz unten sehen Sie Aktivitäten aller Google-Produkte, den Start von Apps und andere Daten.

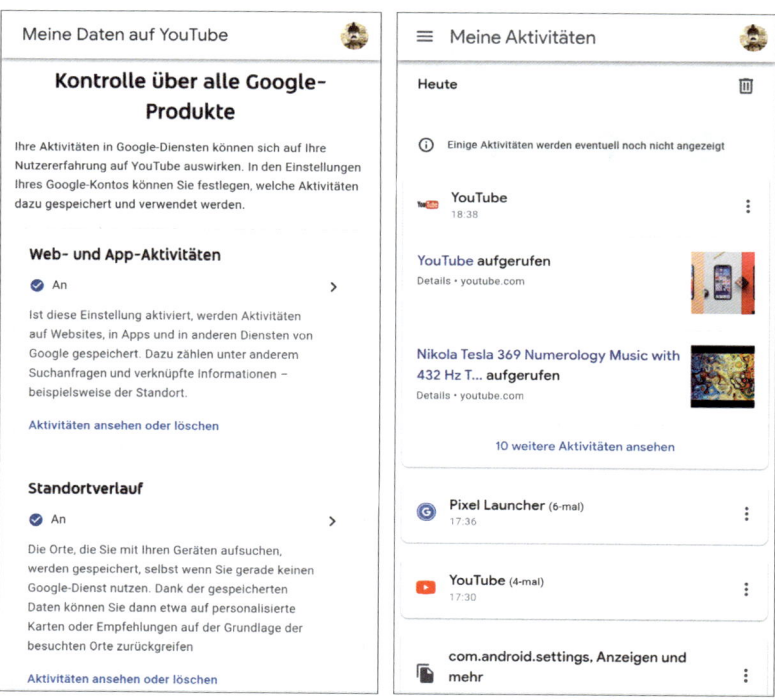

Aktivitäten anderer Google-Produkte im Bereich »Meine Daten«

6. Techniktipps

Auf den meisten Smartphones wie auch Browsern auf dem PC läuft YouTube, ohne dass Sie spezielle Einstellungen vornehmen müssen. Bei besonderer Hardware helfen die Tipps in diesem Kapitel.

Bluetooth-Lautsprecher verbinden

Um unterwegs Musik zu hören, hat das Smartphone inzwischen alle klassischen CD- und MP3-Player verdrängt – um allerdings eine Party damit zu beschallen, eignen sich die eingebauten Lautsprecher nicht. Viele Aktivboxen, Stereoanlagen und auch Autoradios lassen sich per Bluetooth koppeln und als Lautsprecher nutzen. Dabei werden alle Medien-Apps unterstützt, unter anderem auch YouTube und YouTube Music.

1. Zuerst schalten Sie den Lautsprecher in den Verbindungsmodus, manchmal auch als Kopplungsmodus bezeichnet. In den meisten Fällen muss dazu eine Taste, oft der Einschalter, länger gedrückt gehalten werden.

2. Schalten Sie über die Schnelleinstellungen *Bluetooth* ein.

3. Tippen Sie länger auf dieses Bluetooth-Symbol, erscheint eine Liste gekoppelter Geräte.

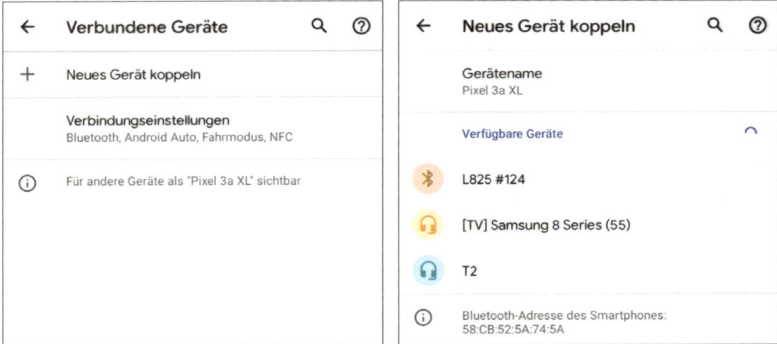

Bluetooth-Lautsprecher koppeln und Lautstärke einstellen

4. Tippen Sie auf *Neues Gerät koppeln*, wird eine Liste mit Geräten in der Nähe eingeblendet.

5. Wählen Sie hier den Lautsprecher aus. Bei einigen Lautsprechern müssen Sie jetzt eine Kopplungstaste drücken. Viele Geräte koppeln aber auch automatisch.

Haben Sie einmal einen Lautsprecher gekoppelt, erscheint dieser automatisch in der Liste und braucht nicht mehr neu gesucht zu werden. Beim Einschalten von Bluetooth wird er automatisch wieder gekoppelt.

Über die Lautstärketasten des Smartphones können Sie die Lautstärke des Lautsprechers regeln. Einige Bluetooth-Lautsprecher haben gar keinen eigenen Lautstärkeregler.

+++ SO GEHT'S AUF DEM IPHONE +++

Tippen Sie in den iOS-Einstellungen auf *Bluetooth* und schalten Sie Bluetooth ein. Solange diese Einstellungen angezeigt werden, sucht das iPhone nach Bluetooth-Geräten in der Umgebung. Wenn der Lautsprecher gefunden wurde, wird sein Name angezeigt. Tippen Sie darauf, um die Verbindung herzustellen. Um den Lautsprecher zu trennen und den Ton wieder auf dem iPhone abzuspielen, schalten Sie Bluetooth aus oder tippen auf das blaue i-Symbol und trennen die Kopplung.

Virtuelle Realität mit YouTube

YouTube kann neben einfachen Videos auf einem starren Bildschirm auch in virtuelle Welten eintauchen, in denen man sich interaktiv bewegen kann. Dabei gibt es zwei Möglichkeiten:

- **360°-Videos** – Videos, bei denen man das Smartphone drehen und sich damit im Raum umsehen kann. Selbst wenn der mögliche Blickwinkel oft nur 180° oder gar weniger beträgt, werden diese Videos als 360°-Videos bezeichnet.

- **3D-Videos** – Videos, die mit einer VR-Brille betrachtet ein echtes 3D-Erlebnis bieten. VR-Brillen zeigen für jedes Auge ein eigenes Bild, wodurch der dreidimensionale Eindruck entsteht. Einige, aber nicht alle

3D-Videos bieten zusätzlich eine 360°-Sicht. Hier kann man den Kopf mit der VR-Brille bewegen und sich so im 3D-Raum umsehen.

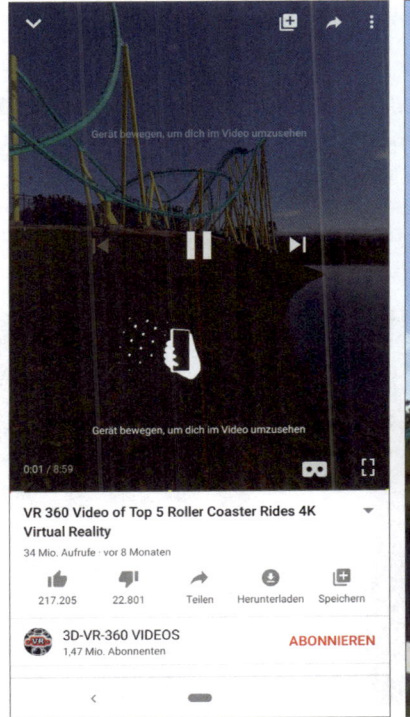

360°-Video im Hochformat

Die meisten 360°-Videos haben so einen großen Blickwinkel, dass das Smartphone problemlos gedreht werden kann und sich die Videos im Hochformat, Querformat oder auch schräg gehalten anzeigen lassen.

+++ SO GEHT ES AUF DEM PC +++

Da man einen PC nicht so leicht wie ein Smartphone im Raum drehen kann, zeigen 360°-Videos oben links ein Navigationssymbol. Durch Klicks auf die vier Pfeile lässt sich die Kamera in unterschiedliche Richtungen drehen oder neigen. Alternativ ziehen Sie einfach mit gedrückter Maustaste über den Bildschirm.

VR-Brillen

YouTube unterstützt alle gängigen VR-Brillen, sowohl elektronische mit eigenen Displays als auch einfache, in denen ein Smartphone als Bildschirm verwendet wird.

Die Videos, die VR unterstützen, sind unten mit dem Symbol einer VR-Brille gekennzeichnet. Tippen Sie darauf, wird das Bild in zwei quadratische Bilder geteilt. Stecken Sie dann das Smartphone in die VR-Brille und starten Sie das Video. Manche VR-Brillen liefern zur Steuerung einen kleinen Controller, den man in die Hand nimmt. Andere haben eigene Apps zur Sprachsteuerung in Videos.

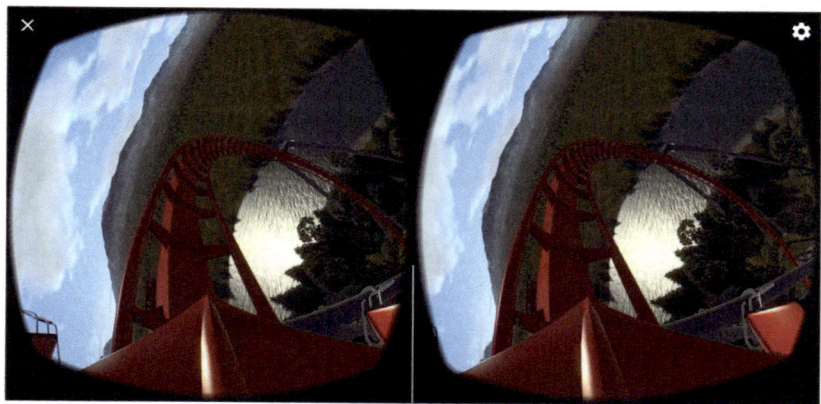

VR-Video in Splitscreen-Darstellung

Der Splitscreen-Modus stellt zwei Bilder nebeneinander auf dem Smartphone dar, für das linke und für das rechte Auge. Das Gehirn macht daraus dann ein dreidimensionales Bild. Natürlich muss das betrachtete Video diesen Modus unterstützen.

Google Cardboard

Google Cardboard ist ein einfaches System, das mithilfe einer faltbaren Kartonschablone aus jedem aktuellen Smart-

phone eine VR-Brille macht, mit der sich YouTube-VR-Videos, Spiele, Google Street View und auch Google Earth dreidimensional erleben lassen. Auch Photo-Sphere-Aufnahmen lassen sich damit in 3D betrachten.

Die Cardboard-VR-Brille (Foto: Google)

Das Design des Google Cardboard wird als Open-Source-Material bei g.co/cardboard zum Download angeboten, sodass jeder – auch kommerziell – solche Betrachter bauen kann und nur noch ein Smartphone hineinzustecken braucht.

Google bietet über verschiedene Händler diverse Modelle solcher VR-Brillen an: arvr.google.com/intl/de_de/cardboard/get-cardboard. Der Online-shop www.imcardboard.com liefert weltweit Bausätze für Cardboard-Brillen, auch mit speziellem Design für Firmen, um diese als Werbeartikel zu verteilen.

Die Cardboard-App bietet eine einfache Methode, die verwendete VR-Brille zu konfigurieren. Die meisten Cardboard-kompatiblen VR-Brillen haben einen QR-Code, der nur mit der Cardboard-App gescannt zu werden braucht. Damit werden Bildschirmgröße, Größe der VR-Brille, Linsenabstand und andere Geometrie-Parameter optimal aufeinander abgestimmt. Nach der Einrichtung stecken Sie das Smartphone in das Cardboard und halten sich dieses vor die Augen.

YouTube VR

YouTube VR ist eine eigene YouTube-App, speziell für VR-Brillen, mit der sich YouTube in einem neuartigen Kinomodus betrachten und über Spracheingabe steuern lässt.

Die App verwendet die Plattform Google Daydream View, läuft bis jetzt aber nur auf relativ wenigen Smartphones. 360°-Videos und 3D-Videos werden unterstützt, Standardvideos erscheinen auf einer virtuellen Großleinwand.

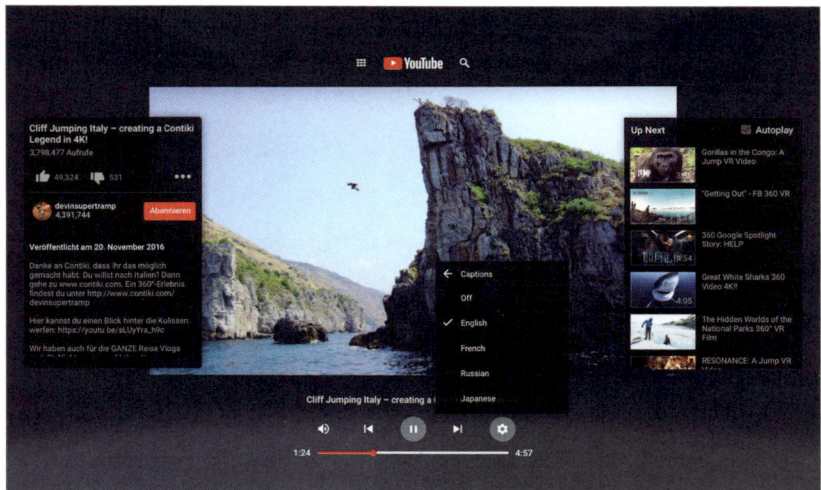

YouTube im Kinomodus auf einer VR-Brille

YouTube auf Xbox One

Die Spielkonsole Xbox One eignet sich gut, um YouTube-Videos anzusehen, da sie meist an größeren Monitoren angeschlossen ist als der PC. Auf der Xbox muss dazu eine eigene YouTube-App installiert werden.

1. Installieren Sie die YouTube-App aus dem Xbox Store.

2. Nach dem Start der App wählen Sie oben links *Anmelden*. Die App zeigt einen Aktivierungscode an.

3. Besuchen Sie jetzt im Browser auf dem PC oder Smartphone die Seite www.youtube.com/activate. Melden Sie sich mit Ihrem Google-Konto an, wenn Sie nicht im Browser automatisch angemeldet sind.

4. Geben Sie den auf der Xbox angezeigten Aktivierungscode ein und bestätigen Sie die Zugriffsanfragen.

5. Danach meldet sich die App auf der Xbox automatisch mit Ihrem Google-Konto bei YouTube an.

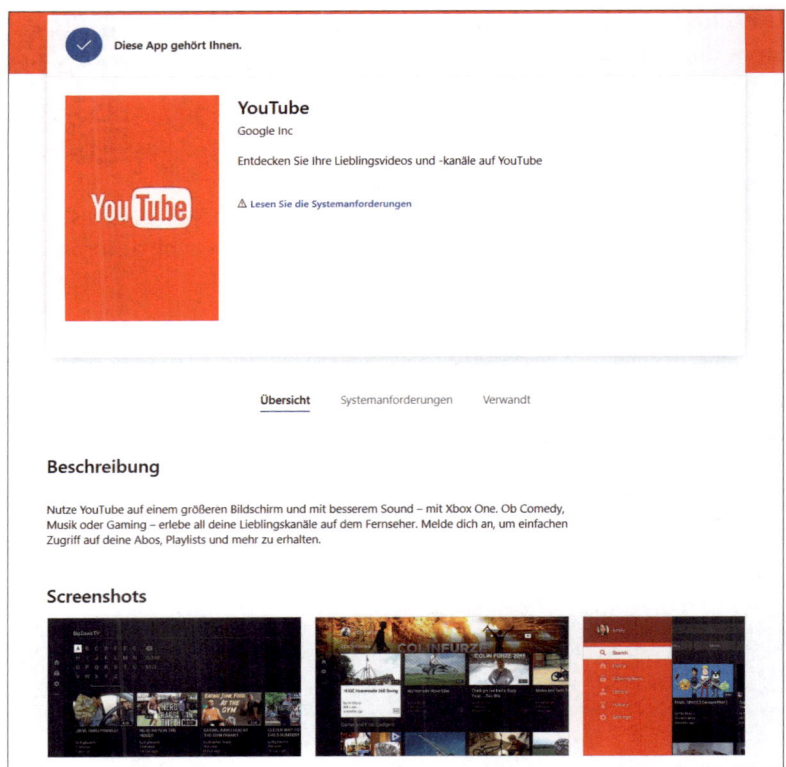

Die YouTube-App im Xbox Store

YouTube auf Smartphones ohne Google Play Store

Seit dem US-amerikanischen Handelsembargo gegen China haben viele neue Smartphones von Huawei keinen Zugang zum Google Play Store mehr und auch keine vorinstallierten Google-Apps wie YouTube. Das Gleiche gilt für Smartphones aus chinesischer Produktion für den dortigen Inlandsmarkt, was aber nicht bedeutet, dass auf diesen Geräten keine Apps installiert werden können. Auch Smartphones mit Android-CustomROMs wie zum Beispiel LineageOS haben keinen Google Play Store vorinstalliert. Android bietet im Gegensatz zu iOS die Möglichkeit, Apps auch aus anderen Quellen zu installieren.

Uptodown ist ein unabhängiger App Store, der ausschließlich kostenlose Apps anbietet. Die Apps werden als APK-Dateien zum Download angeboten, daher können Sie den App Store direkt über den Browser aufrufen. Zusätzlich bietet   Uptodown auch eine eigene App an. Diese hat den Vorteil, dass Updates installierter Apps angezeigt werden und auf Wunsch auch automatisch installiert werden können.

Suchen Sie in Uptodown über das Suchfeld ganz oben *YouTube* und achten Sie auch hier darauf, wirklich das Original und keine Fake-App zu installieren. Der QR-Code führt direkt zur Downloadseite für YouTube bei Uptodown. Tippen Sie auf die aktuelle Version und danach auf *Download*.

> **Vorsicht Werbung!**
> Uptodown zeigt als werbefinanzierter Dienst auch auf den Download-Seiten Werbung an, die in manchen Fällen täuschend echte Download-Buttons enthält. Tippen Sie nicht auf die Werbung, sondern auf den echten Download-Button. Dieser zeigt bei Uptodown auch die Größe des Downloads an.

Ein großer Vorteil von Uptodown gegenüber anderen App Stores ist die Möglichkeit, eine App auf eine ältere Version downzugraden oder gleich eine ältere Version zu installieren, wenn die aktuelle Version Fehler, Funktionseinschränkungen oder lästige Werbung ohne wirkliche Vorteile enthält.

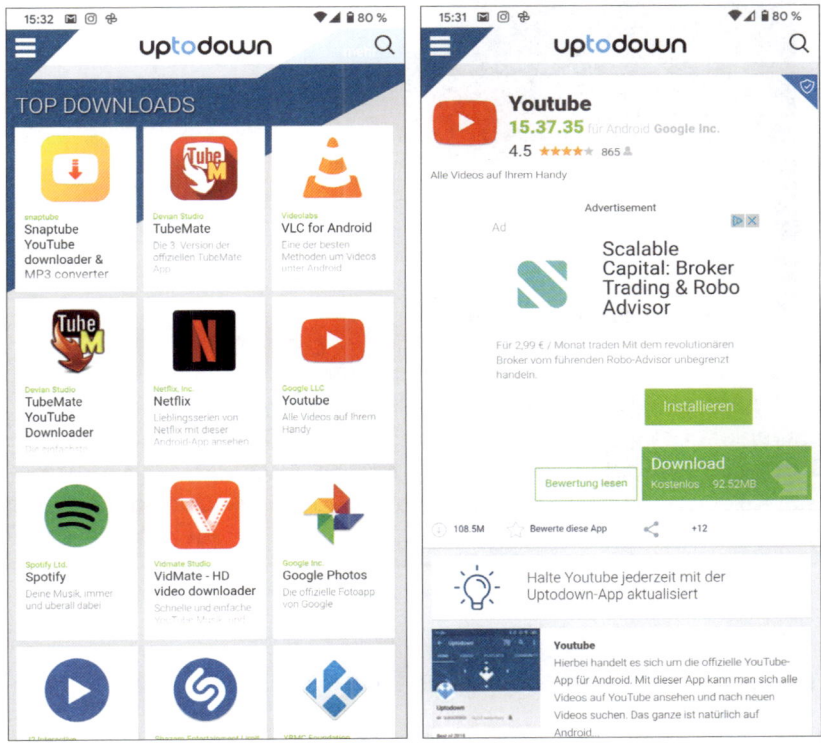

YouTube bei Uptodown finden und herunterladen

Apps aus unbekannten Quellen zulassen

Bei der ersten Installation einer APK-Datei aus einer anderen App, zum Beispiel einem Browser, erscheint ein Hinweis, dass Installationen aus unbekannten Quellen nicht zulässig sind. Direkt aus dieser Meldung besteht Zugriff auf die zugehörige Systemeinstellung, mit der man die Installation aus unbekannter Herkunft zulassen kann.

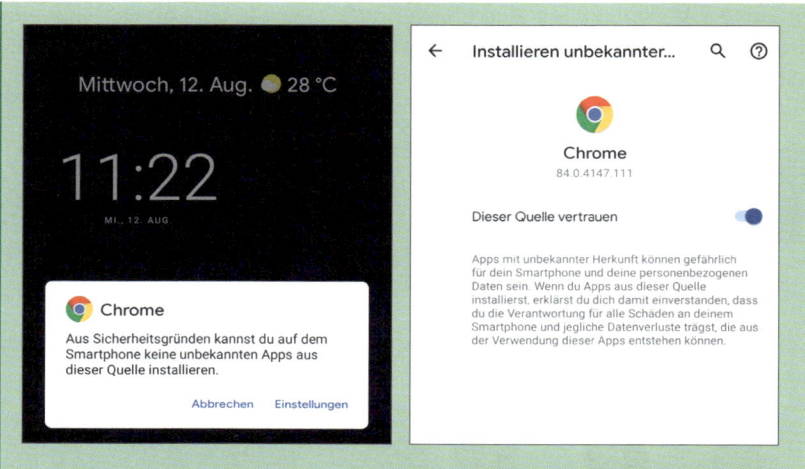

Seit Android 8 Oreo wird die Berechtigung zur Installation unbekannter Apps für einzelne Apps vergeben. Damit wird es leichter möglich, aus einem Browser oder einem App Store eines anderen Anbieters als Google Play Apps zu installieren. Die automatischen Downloads und Installationen von Werbe- und Spam-Apps aus Spielen heraus bleiben aber unterbunden.

YouTube auf Amazon Fire Tablets

Die Tablets der Amazon-Fire-Serie verwenden ein auf Android basierendes Betriebssystem mit einer eigenen, von Amazon entwickelten Benutzeroberfläche und ohne Google-Dienste. Deshalb sind auch kein Google Play Store und keine YouTube-App installiert.

Da Amazon YouTube als Konkurrenzangebot zu seinen eigenen Streaming-Diensten sieht, wird in dem auf den Amazon-Fire-Tablets vorinstallierten Amazon Appstore die offizielle YouTube-App nicht angeboten. In diesem Appstore finden sich unter dem Suchbegriff *YouTube* einige Apps, die keine wirklichen Apps, sondern nur Links auf die YouTube Webseite im Browser sind.

Die App *Videos for YouTube* ist eine eigenständige App, die You-Tube auf dem Fire-Tablet im Design der mobilen Webseite, aber deutlich flüssiger als der vorinstallierte Silk Browser darstellt und fast alle Funktionen von YouTube unterstützt.

YouTube im Ausland – die EU-Roamingverordnung

YouTube hat im Vergleich zu anderen Apps einen extremen Datenverbrauch. Im deutschen Mobilfunknetz kann das dazu führen, dass das Freivolumen des Smartphone-Tarifs schnell aufgebraucht wird und man nur noch mit deutlich gedrosselter Geschwindigkeit Daten empfängt, was das Streaming von YouTube und anderen Videoportalen unmöglich macht. Im Ausland dagegen kann es schnell sehr teuer werden.

> **Achtung Kosten!**
> Verwenden Sie YouTube im Nicht-EU-Ausland nur über WLAN. Im Mobilfunknetz macht sich das verbrauchte Datenvolumen schon nach wenigen Minuten deutlich in der Urlaubskasse bemerkbar.

Nach jahrelangen Diskussionen führte die EU-Kommission am 15. Juni 2017 den sogenannten Euro-Tarif ein, der Telefonieren, SMS und auch mobiles Internet im EU-Ausland zu Inlandskonditionen möglich macht. Eigentlich müsste es statt EU-Roaming EWR-Roaming heißen, da die gleichen Bedingungen für alle Länder des europäischen Wirtschaftsraums EWR gelten. Das sind außer den EU-Mitgliedsstaaten auch Norwegen, Island und Liechtenstein, aber nicht die Schweiz. Zusätzlich gilt die EU-Roamingverordnung auf den britischen Kanalinseln, die nicht EU-Gebiet sind, in den französischen Überseegebieten, in San Marino und dem Vatikan. Auf Schiffen und Flugzeugen, die satellitengestützte Mobilfunkverbindungen für ihre Passagiere anbieten, gilt die EU-Roamingverordnung nicht. Die früher extrem hohen Roaminggebühren bei der Nutzung einer deutschen SIM-Karte im EU-Ausland waren für die Netzbetreiber eine gern gesehene Einnahmequelle. Deshalb versuchen viele, die Schlupflöcher im neuen EU-Gesetz geschickt zu nutzen. Bei der Anmeldung eines Smartphones in einem ausländischen Netz erhalten Sie eine SMS, die die genauen Tarifdetails enthält. Lesen Sie diese sorgfältig durch.

Die wichtigsten neuen Regelungen im Überblick

- **Datenpakete und Inklusivvolumen** können im EU-Ausland wie zu Hause genutzt werden.

- **Freiminuten** für Telefonie können wie zu Hause genutzt werden, wenn diese netzübergreifend gelten. Community-Flatrates zum kostenlosen Telefonieren zwischen Teilnehmern des gleichen Anbieters (wie z. B. Aldi Talk) gelten im EU-Ausland nicht.

- **Telefongespräche aus Deutschland** ins EU-Ausland werden wie früher teuer berechnet. Hier gelten die Freiminuten des deutschen Tarifs weiterhin nicht, solange keine EU-Flatrate gebucht ist.

- **Alte Roamingtarife** gelten weiterhin und werden nicht automatisch umgestellt. Wer früher Roaming für bestimmte Länder gebucht hatte, muss diesen Tarif auch weiterhin innerhalb der EU bezahlen oder auf einen anderen Tarif wechseln.

- Mobilfunkanbieter dürfen explizit **Tarife ohne Roaming** anbieten. Diese SIM-Karten funktionieren dann nur in Deutschland, das EU-Roaming kann oft gegen Aufpreis freigeschaltet werden.

Fair Use Policy

Die sogenannte Fair-Use-Policy verhindert, dass ein Tarif zum überwiegenden Teil im Ausland genutzt wird. Jeder Anbieter legt diese Richtlinie unterschiedlich aus. Bei einigen muss man nach einer bestimmten Zeit wieder im deutschen Netz angemeldet sein, bei anderen darf nur ein bestimmter Teil des Inklusivvolumens im Ausland verbraucht werden. Die genauen Bedingungen stehen in der SMS bei der Anmeldung im ausländischen Netz.

Diese Fair Use Policy wurde vor allem auf Drängen der deutschen Mobilfunkbetreiber in das Gesetz aufgenommen. Da die deutschen Mobilfunktarife zu den teuersten innerhalb der EU gehören, befürchteten die deutschen Netzbetreiber mit Einführung des EU-Roamings Einnahmeeinbußen, wenn Kunden sich SIM-Karten aus anderen Ländern besorgen und diese ohne Zusatzkosten dauerhaft in Deutschland nutzen.

7. YouTube kommerziell nutzen

Google hatte im Jahr 2006 aus gutem Grund rund 1,65 Milliarden US-Dollar ausgegeben, um YouTube zu kaufen. Der Dienst sollte langfristig Geld einbringen. Anfang des Jahres 2020 veröffentlichte Google erstmals eigene Umsatzzahlen für YouTube. Im Jahr 2019 erwirtschaftete YouTube einen Umsatz von 15 Milliarden US-Dollar allein durch Werbung, 5 Milliarden davon im vierten Quartal des Jahres. Der Umsatzanteil von YouTube am Gesamtumsatz entspricht etwa 10 %. Im Vorjahr hatte YouTube 11,2 Milliarden US-Dollar generiert und erreichte damit eine Steigerung von 36,5 % innerhalb eines Jahres, mehr als andere Sparten von Google. Die kostenpflichtigen Premium-Abos sowie verkaufte und kommerziell verliehene Filme sind in diesen Zahlen nicht mit eingerechnet.

Gemessen am Umsatz ist YouTube sechsmal größer als Twitch von Amazon, die einzige ernst zu nehmende Konkurrenz auf dem Markt der Community-Streaming-Portale.

Filme kaufen oder ausleihen

YouTube bietet eine große Auswahl aktueller und zeitlos beliebter Blockbuster-Filme an, die aus Urheberrechtsgründen nicht kostenlos gezeigt werden. Diese lassen sich kaufen oder zu einem geringeren Preis ausleihen.

Diese Filme sind über die YouTube-Suche zu finden und werden dort als kostenpflichtig hervorgehoben. Zusätzlich gibt es auf der Seite *Entdecken* das Symbol *Filme & Shows*, das zu einem eigenen Bereich in YouTube für solche Filme führt. Viele Filme zeigen vor dem Kauf noch einen kostenlosen Trailer. Einige haben auch je nach Auflösung, SD oder HD, unterschiedliche Preise.

- **Ein gekaufter Film** kann auf Geräten, die mit demselben Google-Konto angemeldet sind, ohne Einschränkungen immer wieder angesehen werden. Gekaufte Filme werden auf der Seite *Filme & Stories* aufgelistet und können von dort aus jederzeit aufgerufen werden.

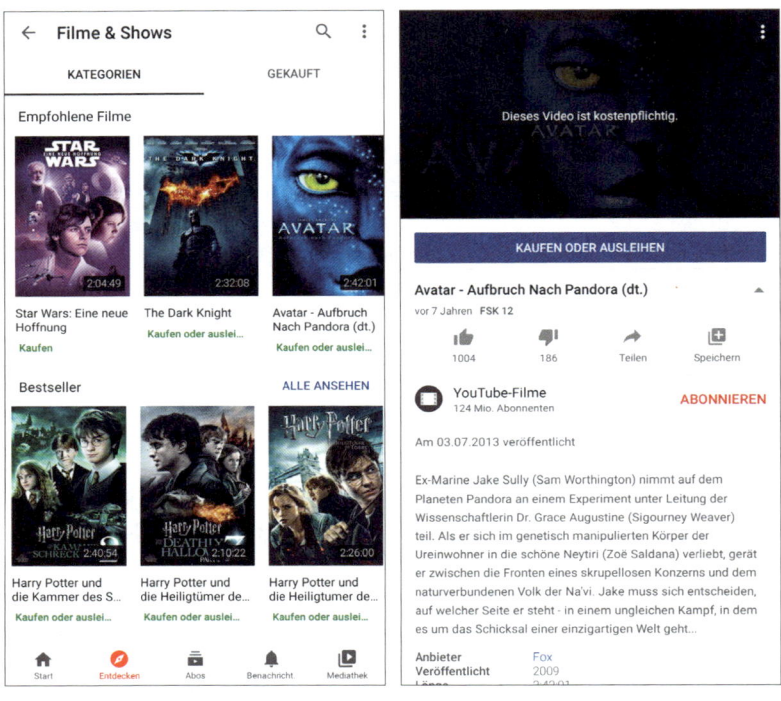

Kostenpflichtige Filme auf YouTube finden, leihen oder kaufen

■ **Ein geliehener Film** kann innerhalb von 30 Tagen nach Zahlung abgerufen werden. Nachdem das Abspielen einmal gestartet wurde, steht der Film 48 Stunden lang zur Verfügung.

Kostenpflichtige Filme bezahlen

Spätestens beim ersten Kauf eines Films müssen Benutzer in ihrem Google-Konto eine Zahlungsmethode und auch eine gültige Postanschrift hinterlegen. Vor jedem Kauf können Sie die Zahlungsmethode wechseln, und es muss sicherheitshalber noch einmal das Passwort des Google-Kontos eingegeben werden, solange Sie diese Abfrage nicht deaktiviert haben.

Kostenpflichtige Filme werden auf YouTube mit Googles eigenem Bezahlsystem G Pay bezahlt. Dies funktioniert zurzeit mit einer gültigen Kreditkarte, bei einigen Telefonanbietern auch über die Mobilfunkrechnung. Nachdem viele Nutzer jahrelang darauf gewartet hatten, bietet G Pay inzwischen auch PayPal als Zahlungsmethode an. Dabei kann ein beliebiges PayPal-Konto eingetragen werden. Dieses muss nicht mit der E-Mail-Adresse Ihres Google-Kontos übereinstimmen. Zusätzlich unterstützt Google auch das Prepaid-System mypaysafecard.

Alternativ können Sie Prepaid-Guthaben für den Google Play Store in Form von Geschenkkarten bei verschiedenen Supermarkt-, Drogerie- und Tankstellenketten kaufen und beim Onlinekauf einlösen.

+++ SO GEHT'S AUF DEM IPHONE +++

Da Apple auf iPhones keine anderen Bezahlsysteme als sein eigenes zulässt, werden kostenpflichtige Filme hier über In-App-Käufe im App Store bezahlt. Google-Play-Guthaben kann auf dem iPhone nicht verwendet werden. Dafür lässt Apple innerhalb der YouTube-App Werbung von Mitbewerbern zu. So kann es passieren, dass Sie über Werbeanzeigen Filme auf Amazon Prime günstiger finden als auf YouTube selbst – ein Phänomen, das es in der Android-App von YouTube nicht gibt.

YouTube Premium

YouTube Premium ist die kostenpflichtige Variante von YouTube, mit der YouTube versucht, ein Gegenangebot zu bekannten Streaming-Diensten von Amazon und Netflix zu etablieren. Anfang des Jahres 2020 nutzten etwa 20 Millionen Abonnenten weltweit das Angebot, das in Deutschland 11,99 Euro pro Monat kostet.

YouTube ist zwar der bekannteste Name unter den Streaming-Anbietern, hat sich diesen Namen aber eher durch Hobby-YouTuber verdient als im Markt kommerzieller Kinofilme und Serien.

YouTube Premium ist im Gegensatz zu vergleichbaren Angeboten von Netflix, Amazon Prime oder Maxdome keine Flatrate für Blockbuster-Kinofilme. Nur die von YouTube exklusiv produzierten Inhalte unter dem Namen *YouTube Originals* können Premium-Nutzer ohne Zusatzkosten uneingeschränkt ansehen. Diese Angebote sind mit einem eigenen Premium-Symbol gekennzeichnet. YouTube-Nutzer ohne Premium-Abo bekommen nur einen Trailer zu sehen.

Alle anderen Kinofilme und Serien, die auf YouTube angeboten werden, müssen Nutzer des YouTube-Premium-Abos genauso wie jeder andere YouTube-Nutzer kaufen oder kostenpflichtig ausleihen.

Ein wesentlicher Vorteil von YouTube Premium ist, dass alle Videos werbefrei abgespielt werden. Dies gilt sowohl für die Werbung am Anfang als auch für Werbeeinblendungen während des Videos. Weiterhin haben YouTube-Premium-Kunden den vollen Zugriff auf das komplette Musikangebot von YouTube Music. Auch hier wird keine Werbung eingeblendet.

Nutzer von YouTube Premium können Videos auf dem Smartphone herunterladen, um sie unterwegs offline ohne Internetverbindung anzusehen. Weiterhin haben sie den Vorteil, dass Videos – besonders auch Musikvideos – im Hintergrund weiter abgespielt werden, wenn man auf dem Smartphone eine andere App nutzt oder den Bildschirm ausschaltet.

Für 11,99 Euro ist YouTube Premium in Deutschland, verglichen mit anderen Anbietern, relativ teuer. Für zusätzliche 6 Euro im Monat können bis zu fünf Familienmitglieder zusätzlich das Premium-Abo nutzen. Die entsprechenden Google-Konten werden im YouTube-Premium-Portal mit angemeldet.

Geld mit Werbung auf YouTube verdienen

Das YouTube-Partnerprogramm bietet aktiven YouTubern die Möglichkeit, über Werbung, die vor oder in ihren Videos geschaltet wird, Geld zu verdienen. YouTube-Partner erhalten außerdem besseren Support und Zugriff auf das Copyright Match Tool, mit dem Sie herausfinden können, ob andere Kanäle Inhalte eigener Videos unverändert übernommen haben.

Die wichtigste Komponente am YouTube-Partnerprogramm ist für viele große YouTube-Kanäle die Monetarisierung. Durch Werbeeinnahmen lässt sich aber nur dann Geld verdienen, wenn die Videos auch von vielen Menschen gesehen werden. Deshalb knüpft YouTube die Teilnahme am Partnerprogramm an Bedingungen.

Voraussetzungen zur Teilnahme am YouTube-Partnerprogramm

- Mindestens 1.000 Abonnenten auf dem Kanal.
- In den letzten zwölf Monaten mindestens 4.000 Stunden Wiedergabezeit der öffentlichen Videos.
- Keine sich wiederholenden Inhalte.
- Keine inhaltslosen Videos, vorgelesene Texte Dritter oder Diashows ohne Kommentar.
- Noch strengere Kontrolle der YouTube-Community-Richtlinien.

Im Bereich *Monetarisierung* von *YouTube Studio* sehen Sie, inwieweit die Voraussetzungen bereits erfüllt sind. Zusätzlich braucht man ein Google-AdSense-Konto, worüber die Einnahmen abgerechnet werden.

Gaming auf YouTube

Die Gaming-Szene stellt eine wichtige Nutzergruppe auf YouTube dar. YouTube kommt dem entgegen und bietet in der App unter *Entdecken/Gaming* oder im Browser auf dem PC im Hauptmenü unter *Mehr von YouTube/Gaming* einen besonders hervorgehobenen und von YouTube selbst verwalteten Kanal für Gamer an. Hier finden Gamer Videos von Fans und Let's-Play-Videos, die oft von Profi-Gamern stammen, die Geschäftsbeziehungen zu den Herstellern der Spiele haben, aber auch offizielle Videos direkt von den Herstellern, die professionell produziert sind und teilweise auch Kauflinks enthalten können. Der Gaming-Kanal ist nach beliebten Spielen geordnet, sodass man leicht passende Inhalte für sein Lieblingsspiel findet.

8.   Nützliche Zusatz-Apps

YouTube liefert noch zwei weitere Apps, die in vielen Fällen interessant sein können. Allerdings nutzen auch andere Entwickler den Suchbegriff YouTube, um in den Stores auf ihre teilweise unseriösen oder auch gar gefährlichen Apps aufmerksam zu machen.

YouTube Music

Digitale Musik unterwegs zu hören, gehört zum Alltag. Fast jeder hört seine Musik nur noch auf dem Smartphone über Kopfhörer, deren Musikqualität mit dem, was man aus Walkman-Zeiten kannte, nicht mehr zu vergleichen ist.

Der Musik-Streaming-Dienst *YouTube Music* findet Musik aus offiziellen Veröffentlichungen der Künstler anhand von Titeln, Stichwörtern oder Albumnamen. In der kostenlosen Version werden die Playlists oft durch Werbung unterbrochen, und die Musik läuft auch nicht weiter, wenn der Bildschirm abgeschaltet ist oder eine andere App im Vordergrund läuft. Dies ist nur mit einem kostenpflichtigen Abo möglich.

Android liefert auf aktuellen Smartphones *YouTube Music* vorinstalliert mit. Diese App wird auch als Standardplayer für lokal gespeicherte Musik verwendet und ersetzt den früheren Google Music Player.

Beim ersten Start der App melden Sie sich mit dem Google-Konto an, in dem dann auch Musikvorschläge und Playlists gespeichert werden. Wählen Sie anschließend bis zu fünf Lieblingskünstler aus. Daraus versucht *YouTube Music* Playlists und Vorschläge zu erstellen, die automatisch abgespielt werden können.

YouTube Music bietet ein vielfältiges Musikangebot, in dem man beliebig Titel suchen oder sich automatisch vorschlagen lassen kann.

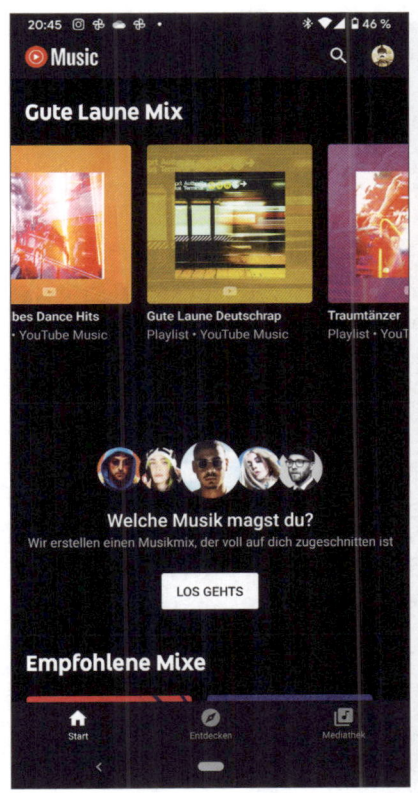

Beim ersten Start Lieblingskünstler auswählen

Achtung Kostenfalle!

Tippen Sie beim ersten Start der App *YouTube Music* auf *Nein danke* und nicht auf *Kostenlosen Testzeitraum*, da Sie sonst den Musikdienst abonnieren, der zwar 30 Tage lang kostenlos ist, aber wer denkt schon daran, so etwas rechtzeitig wieder abzumelden. Die App funktioniert auch in der kostenlosen Version. Lediglich Bonusangebote von *YouTube Music* sind kostenpflichtig. Außerdem beendet die kostenlose Version die Musik, sobald eine andere App im Vordergrund läuft.

+++ SO GEHT ES AUF DEM PC +++

Im Browser auf dem PC können Sie auf *YouTube Music* unter music.youtube. com zugreifen. Nutzen Sie dasselbe Google-Konto wie auf dem Smartphone, um Ihre Playlists und Vorschläge auch auf dem PC zu finden.

YouTube Kids

YouTube Kids ist eine spezielle App von YouTube für Kinder, die auch nur kindgerechte Inhalte anzeigt.

1. In der App meldet man sich zunächst als Erwachsener an und richtet für jedes Kind ein Profil ein. Dabei kann unter drei verschiedenen Altersstufen gewählt werden. Alternativ dazu kann man auch selbst Videos freigeben. Dazu muss allerdings jedes Video oder jeder Kanal, das/den das Kind sehen darf, einzeln freigegeben werden, was das verfügbare Angebot deutlich einschränkt.

2. Anschließend kann sich das Kind durch einfaches Antippen seines Profils anmelden. Optional können Kinder ihrem Profil einen sogenannten Geheimcode hinzufügen, um zu verhindern, dass sich etwa jüngere Geschwister mit ihrem Profil anmelden.

3. Danach zeigen Symbole am oberen Bildschirmrand unterschiedliche Kategorien wie *Empfohlen*, *Serien*, *Musik*, *Lernen* und *Entdecken*. Jede

Kategorie zeigt ausgewählte Videos, die zu den bisher angezeigten passen, ähnlich dem Auswahlalgorithmus in der »großen« YouTube-App.

4. Über das Suchfeld lassen sich weitere Videos finden. Auch hier werden die für das Kinderprofil gewählten Alterskriterien berücksichtigt.

5. Über das Schloss-Symbol unten rechts kommt man in den Elternbereich der App. Dazu muss zunächst eine einfache Rechenaufgabe gelöst werden.

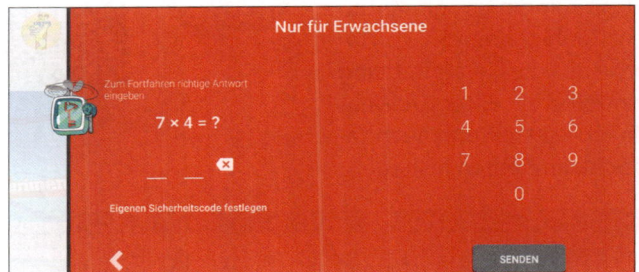

6. Im Elternbereich kann man sich die Videos, die das Kind angesehen hat, noch einmal ansehen und bei Bedarf bestimmte Videos oder deren Kanäle blockieren, sodass diese in Zukunft nicht mehr gezeigt werden.

7. Nach Anmeldung mit dem Eltern-Google-Konto können weitere Profile für Kinder angelegt werden. Außerdem lassen sich die maximale Nutzungsdauer der App pro Tag begrenzen, andere Alterskriterien festlegen oder auch gesperrte Videos und Kanäle nachträglich wieder freigeben.

Google Family Link

Eine kindersichere YouTube-App ist nur begrenzt nützlich, solange das Kind die App jederzeit verlassen und die »echte« YouTube-App starten kann. Mit Google Family Link bringt Google Jugendschutzeinstellungen, Zeit- und App-Beschränkungen auf Android-Smartphones, ähnlich, wie man es von den Jugendschutzfunktionen aus Windows kennt.

Eltern können in den Android-Systemeinstellungen unter *Digital Wellbeing und Jugendschutz* die Smartphones ihrer Kinder einschränken, das Nutzungsverhalten innerhalb vorgegebener Grenzen kontrollieren und die Geräte orten.

Dazu müssen auf dem Smartphone des Elternteils wie auch auf dem des Kindes spezielle Family-Link-Apps nachinstalliert werden. Damit ist es möglich, bestimmte Apps wie YouTube oder den Browser zu sperren sowie Tageslimits zur Gerätenutzung und Schlafenszeiten festzulegen, zu denen die Nutzung des Smartphones komplett untersagt wird.

In der App *Google Family Link für Eltern* richten Sie eine Familiengruppe ein, in der jedes Kind mit seinem Google-Konto eingetragen ist. Dann können Sie von Ihrem Smartphone aus die Gerätenutzung der Kinder kontrollieren, Filter für Webseiten und YouTube setzen und auch Tageslimits und Schlafenszeiten festlegen.

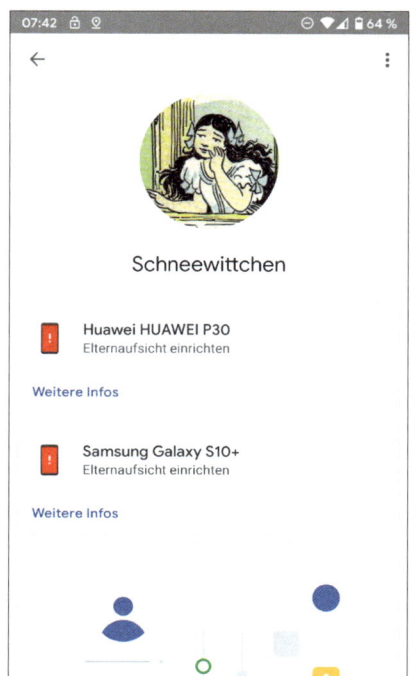 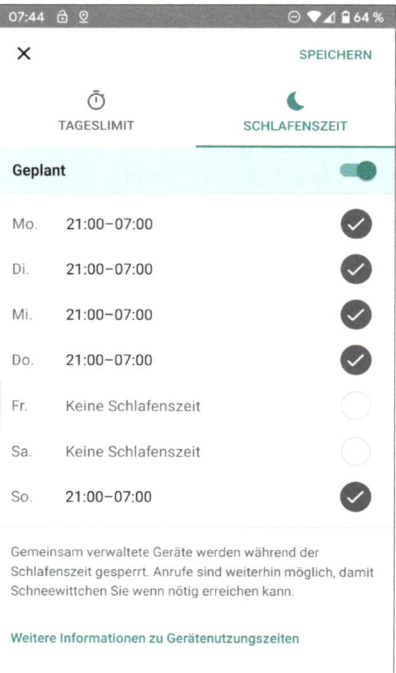

Einstellungen für ein Kind in Google Family Link für Eltern

Auf den Smartphones der Kinder muss die App *Google Family Link für Kinder und Teenager* installiert sein, um die Geräteverwaltung durch die Eltern zu ermöglichen. In der App haben die Kinder jederzeit einen Überblick über die ihnen noch
zur Verfügung stehende Nutzungsdauer und sehen auch auf einen Blick, was die Eltern sehen können, unter anderem Onlineaktivitäten oder den Gerätestandort.

+++ SO GEHT ES AUF DEM PC +++

Auf dem PC kann *YouTube Kids* über www.youtubekids.com genutzt werden. Dabei werden die gleichen Kontodaten und Kinderprofile wie in der App verwendet. Allerdings ist es auf dem PC noch schwieriger zu verhindern, dass das Kind die Seite von *YouTube Kids* verlässt und im Browser beliebige andere Webseiten besucht.

Videos herunterladen

Die YouTube-App bietet einen Button zum *Herunterladen* unter jedem Video. Allerdings steht diese Funktion nur Nutzern des kostenpflichtigen YouTube-Premium-Dienstes zur Verfügung.

Videos oder Musik mit anderen Apps auf dem Smartphone herunterladen

In den verschiedenen App Stores werden diverse Download-Apps für YouTube angeboten, mit sehr unterschiedlichem Funktionsumfang. Viele Apps haben in der kostenlosen Version Einschränkungen oder bauen sogar Werbung in die heruntergeladenen Videos oder MP3-Dateien ein.

Snaptube ist eine YouTube-Downloader-App mit umfangreichen Funktionen, die kostenlos keine Einschränkungen hat. Die App
zeigt zwar Werbung an, es wird aber keine Werbung in den Videos eingeblendet. *Snaptube* kann auch zum Blättern und Betrachten von Videos in YouTube genutzt werden. Allerdings werden 360°- und VR-Videos nicht unterstützt.

1. Nach der Anmeldung mit dem eigenen YouTube-Konto übernimmt *Snaptube* die Abos, Playlists und auch die Liste *Später ansehen*. *Snaptube* ist ein speziell angepasster Browser mit einer eigenen Startseite, deren Design an die YouTube-App angeglichen wurde.

2. Unter *Abo* finden Sie aktuelle Videos Ihrer abonnierten Kanäle, der Bereich *Für dich* schlägt Videos passend zu eigenen Interessen, zum Abspiel- und Suchverlauf sowie zu abonnierten Kanälen vor.

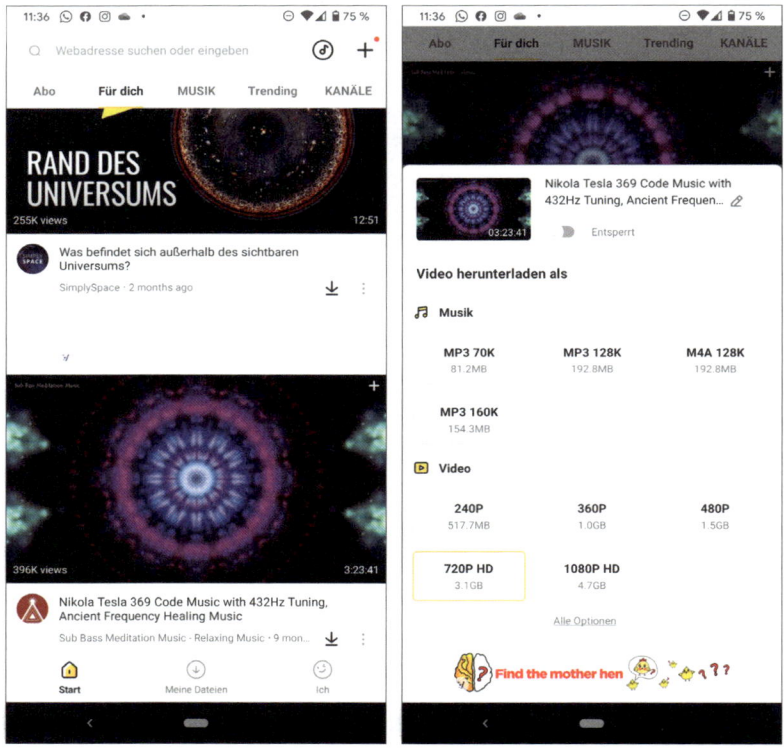

YouTube-Videos mit Snaptube herunterladen

3. Rechts unterhalb jedes Videos befindet sich ein kleiner Pfeil, das Symbol zum Download des Videos. Tippen Sie darauf, können Sie die Qualität wählen und entscheiden, ob Sie den Stream als Video oder Audio herunterladen möchten.

4. Je nach Länge des Videos und Geschwindigkeit der Internetverbindung dauert der Download einige Minuten. Die heruntergeladenen Videos und Audios sind auf der Seite *Meine Dateien* in *Snaptube* zu finden.

> **Direkt aus YouTube in Snaptube herunterladen**
>
> Besonders einfach laden Sie ein Video in Snaptube herunter, indem Sie in der YouTube-App, wenn Sie dieses Video ansehen, auf *Teilen* tippen. In der Liste der Apps zum Teilen finden Sie das Symbol *Mit Snaptube herunterladen*. Tippen Sie darauf, wird das Video in *Snaptube* geöffnet, Sie können Dateiformat und Qualität auswählen und es anschließend herunterladen.

Zum Abspielen der heruntergeladenen Videos schlägt *Snaptube* im Rahmen einer Werbekooperation vor, die App *Lark Player* herunterzuladen, was aber nicht nötig ist, da die Dateien in Standardformaten gespeichert werden. MP3-Musik kann mit *YouTube Music*, ein MP4-Video mit Google Fotos abgespielt werden.

+++ SO GEHT ES AUF DEM PC +++

Im Internet gibt es verschiedene Seiten, auf denen man YouTube-Videos komplett als Video oder auch nur die Tonspur als MP3 herunterladen kann. Diese Online-Konverter haben verschiedene Einschränkungen, unter anderem die maximale Länge der Videos oder die Anzahl an Downloads pro Tag.

Unter notube.net finden Sie noTube, einen YouTube-Konverter ohne Einschränkungen und auch ohne Werbung. Hier kopieren Sie einfach den YouTube-Link, der dort mit einem Klick auf *Teilen* angezeigt wird, in das Eingabefeld und wählen danach das Ausgabeformat aus. Dabei unterstützt noTube neben MP3 für Musik und MP4 für Videos auch noch ein paar seltenere Formate wie 3GP oder FLV. Die HD-Formate bieten höhere Qualität als die Standardformate, aber generieren auch deutlich größere Dateien. Ein Standard-MP3 hat bei diesem Konverter eine Größe von etwa 100 MB pro Stunde.

Ist die Nutzung eines YouTube-Konvertes legal?

Diese Frage wird oft gestellt und ist nicht ganz eindeutig zu beantworten. Grundsätzlich besteht in Deutschland das Recht auf Privatkopie. Diese Privatkopien dienen ausschließlich der privaten Nutzung, dürfen also weder weitergegeben noch öffentlich abgespielt werden.

Eindeutig illegal ist dagegen der Download rechtswidriger Inhalte. Die Quelle YouTube selbst gilt nicht als »offensichtlich rechtswidrig«. Allerdings ist nicht auszuschließen, dass jemand Videos auf YouTube hochlädt, an denen er kein Urheberrecht hat. Der Download solcher Videos ist, auch wenn derjenige, der es herunterlädt, das nicht immer eindeutig beurteilen kann, nicht legal. Ebenfalls illegal ist die Verwendung von Konvertern, die beim Download gezielt technische Schutzmaßnahmen wie Verschlüsselung oder Ähnliches umgehen. Dies trifft nicht nur, aber ganz besonders auch für Konverter zu, die kostenpflichtige YouTube-Filme oder Serien unter Umgehung der Bezahlschranke herunterladen.

Vorsicht vor Fake-Apps

Unter dem Suchbegriff *YouTube* finden sich auch diverse Apps, die nicht YouTube sind, sondern nur von diesem erfolgreichen Namen profitieren wollen. Achten Sie darauf, wirklich nur das Original herunterzuladen. Verwenden Sie besonders die Liste der Top-Apps anstelle der Suche, können Sie sichergehen, die »echte« App zu finden.

So fanden sich unter den Suchergebnissen bei der Suche nach *YouTube* im Google Play Store jahrelang unzählige unseriöse Apps. Google hat im Rahmen einer großen Aufräumaktion Ende des Jahres 2018 den Suchalgorithmus im Play Store optimiert, sodass die echte App *YouTube* bei einer Suche sofort angezeigt wird. Andere Apps mit dem gleichen Suchbegriff im Text erscheinen jetzt erst viel weiter unten, unterhalb der Vorschlagslisten für *Das könnte dir gefallen* und *Ähnliche Apps*, und sind so kaum noch mit dem Original zu verwechseln.

Auch an den Download-Zahlen fällt auf, dass es sich bei den Fakes um keine seriösen Apps handelt. Die Fake-Apps haben Download-Zahlen im Bereich einiger Hunderttausend oder weniger Millionen, die original YouTube-App steht zurzeit bei über 5 Milliarden Downloads.

+++ SO GEHT'S AUF DEM IPHONE +++

Diese Warnung gilt besonders auf dem iPhone, da YouTube hier im Gegensatz zu Android-Smartphones nicht vorinstalliert ist und deshalb von den Nutzern im App Store gesucht werden muss.

Viel Spaß mit YouTube!

Christian Immler und das Team von Markt+Technik

Stichwortverzeichnis